ELOGIOS

Sin importar el país de procedencia, a todos los hispanos nos une un deseo común de superación y nuestros fuertes valores familiares. Milenka Peña ha dedicado su vida a apoyar a nuestra comunidad, difundiendo un mensaje de esperanza, y demostrando con su ejemplo que el éxito es posible si está basado en principios de integridad, balance y excelencia.

REV. LUIS CORTÉS, JR.
PRESIDENTE Y FUNDADOR DE ESPERANZA USA

Conocer y trabajar junto a Milenka me impresionó profundamente, no solo por su calor humano, sino por su profesionalismo y la pasión con la que realiza todo lo que emprende. Por eso sé, que donde quiera que esté, brillará con la gracia que Dios le ha dado.

SIXTO PORRAS
DIRECTOR REGIONAL MUNDO HISPANO - ENFOQUE A LA FAMILIA

Una de las cosas que personalmente me encantan de Milenka es su alto compromiso con la excelencia. Por otro lado, admiro también el balance que ha establecido entre trabajo y familia -llevándola a realizar difíciles sacrificios personales para dar prioridad a las cosas más importantes de la vida-. Su vasta experiencia en los medios de comunicación nos ha permitido trabajar juntos en el mundo de la televisión, la radio y aunque muchos no lo saben, también en el mundo de la literatura. Además, siempre es un gran honor para nuestro equipo el invitarla a participar como oradora en nuestras conferencias multitudinarias a lo largo y ancho de Latinoamérica."

DR. ANDRÉS PANASIUK
FUNDADOR DEL INSTITUTO PARA LA CULTURA FINANCIERA

APASIONANTE

PRINCIPIOS PARA LOGRAR EQUILIBRIO, EXCELENCIA Y ÉXITO

MILENKA PEÑA

GRUPO NELSON
Una división de Thomas Nelson Publishers
Desde 1798

NASHVILLE   DALLAS   MÉXICO DF.   RÍO DE JANEIRO

CONTENIDO

¡GRACIAS!

HAY PERSONAS QUE CUANDO VAN A LEER UN NUEVO LIBRO PREFIEREN saltarse los agradecimientos y la introducción e ir directamente al contenido. Yo, en cambio, siempre hice el esfuerzo de leerlos. Siempre supuse que, si el autor decidió incluirlos, fueron importantes para el desarrollo de la obra. Ahora que me encuentro en el papel de autora compruebo que estaba en lo correcto, porque sin el apoyo, esfuerzo y confianza de todas y cada una de las personas que formaron parte de mi vida y de este proyecto, no estuvieras sosteniendo este libro en tus manos.

* Mi esposo, Van DenHartog, por ser el aire bajo mis alas y apoyarme siempre para que pueda alcanzar libremente mis sueños. Cómo me iba a imaginar que esos dulces ojos verdes que me sonrieron por primera vez hace casi veinte años, serían los que iba a ver cada mañana al despertar, y con quienes espero compartir el resto de mi vida. I love you, baby. If it weren't for you I wouldn't be where I am now.

* Mis hijos, Brandon y Dylan; mi mayor tesoro y el mejor regalo que Dios me pudo dar, y quienes —en lo que parece un abrir y cerrar de ojos— ya están más altos que yo y en camino de emprender su propia aventura en la vida. Mis amores, gracias por llenarme el corazón de alegría y satisfacciones e impulsarme a dejar un legado del cual se sientan orgullosos.

* Larry Downs y el excelente equipo de Grupo Nelson, mi casa publicadora; pocas veces uno se encuentra con un grupo de personas tan capaces como ellos. Gracias, Larry, por tu confianza y apoyo desde el inicio de este proyecto, por tu liderazgo gentil pero efectivo, por valorar

mis aportes y opinión en el proceso, y por darme la confianza y libertad de llevarlo adelante.

• Todas las organizaciones y empresas que confiaron en mi capacidad y me abrieron las puertas a lo largo de mi carrera, y los excelentes líderes, colegas y compañeros que se convirtieron en buenos amigos. Aprecio profundamente su apoyo, confianza y amistad.

• Quienes siguen mi trayectoria, y día a día me demuestran su apoyo y cariño a través de las redes sociales, correos electrónicos, llamadas y también contacto personal en congresos y conferencias. Gracias por hacerme sentir que lo que hago está marcando una diferencia.

• Cada una de las personas cuyas historias están entre las páginas de este libro. Algunas famosas, otras desconocidas; a muchas conozco en persona, a otras espero llegar a conocer algún día, y algunas ya no están entre nosotros pero su legado permanece. Gracias por permitir que su vida sea un ejemplo.

• Remontándome en el tiempo, agradezco a mi familia cercana, especialmente a mi mamá, Martha Álvarez Deheza Atristaín. Gracias viejita por tus años de sacrificio y por descubrir e impulsar mi talento en mi niñez. Te quiero y te extraño. No puedo olvidar a mi tía Nancy —quien fue como mi segunda mamá— por su constante apoyo y amor incondicional que aún iluminan mi vida, aunque ella ya no esté entre nosotros. Mi querida Nanita, sé que algún día nos volveremos a ver.

• Mis amigos. Si menciono a algunos tendría que mencionar a todos y estas líneas no serían suficientes, pero ellos saben quiénes son. Los pocos que me conocen de verdad, tal como soy, y cuyo cariño sincero permanecen pese al tiempo y la distancia. Como dice una de mis canciones favoritas: «...no hace falta dar sus nombres ni apellidos, ellos lo saben y se dan por aludidos».[1]

• Y por último, y más importante, gracias a Dios, cuya guía y amor me acompañan desde mi niñez, y quien me inspira día a día a vivir una vida apasionante.

Introducción

VACAS MORADAS

ENTRE LOS MUCHOS VIAJES QUE HICE, HACE ALGUNOS AÑOS ASISTÍ A una convención internacional para líderes y comunicadores que se llevó a cabo en la ciudad argentina de Mar del Plata. Para muchos de los asistentes —procedentes de diferentes países— el itinerario empezó en Buenos Aires. Como no había prisa, y para conocer algo el país y disfrutar de la conversación, decidimos no abordar un avión sino tomar un bus.

Mientras algunos de los pasajeros leían y otros intentaban tomar una siesta, unos pocos estábamos sumergidos en una amena charla. De pronto, se escuchó una voz desde la parte posterior que exclamaba: «¡Miren, cuántas vacas!».

Al asomarnos a la ventana, vimos cientos de pequeños puntitos esparcidos en la verde llanura. Puntitos que, a medida que nos acercábamos, se fueron transformando en vacas. Dependiendo del país de donde venían, a algunas personas les llamó la atención la gran cantidad de ganado vacuno que existe en las pampas argentinas. Por un buen rato, las vacas se convirtieron en el tema central de la conversación.

Hasta que llegó un momento en el que dejamos de hablar de ellas.

El viaje resultó ser más largo de lo esperado, y las vacas eran tantas y tan parecidas, que perdieron su atractivo. Lo que en un inicio fue motivo de interés y admiración, pronto se convirtió en algo monótono y aburrido.

Algo muy parecido le ocurrió al autor y experto en mercadeo Seth Godin mientras manejaba con su familia en un viaje de vacaciones por el campo. Después de un tiempo de ver tantas vacas, todos también se aburrieron de ellas. Entonces, a Seth se le ocurrió que para llamar la atención entre tantas otras, ¡una vaca tendría que ser de color morado!

Esta simple idea lo inspiró a escribir uno de sus libros más populares.[1] Aunque este concepto estaba orientado al área de producción y mercadeo, yo espero que este libro sea una «vaca morada». No es que las otras «vacas» no tengan su valor. Existen excelentes autores que han escrito sobre temas similares, pero creo que el libro que tienes ahora en tus manos presenta una combinación poco común de elementos.

Hazlo tuyo

Mi esperanza es que a medida que lo leas, lo hagas tuyo. Márcalo, subráyalo, aprovecha los márgenes en blanco para anotar tus propias observaciones. Lee porciones de nuevo. Disfruta de su contenido. En sus páginas encontrarás principios que, si los practicas con regularidad, tienen el potencial de transformar tu vida.

No los inventé ni lo descubrí yo. Son principios que se han repetido y comprobado a través de los siglos, pero, en mi caso, trato de presentártelos en una manera que te impulse a reflexionar y a aplicarlos en tu vida, para lograr una transformación integral en tres áreas importantes: *emocional, económica y espiritual.*

También encontrarás consejos basados en mi experiencia y en la de otros que saben mucho más que yo; historias que cautivarán tu atención o te arrancarán una sonrisa, pensamientos y refranes que te harán reflexionar, remembranzas que evocarán recuerdos y hasta uno que otro poema que tal vez despierte tu sensibilidad y te hable al corazón. Y en los últimos capítulos, quise compartir contigo algo de mi vida.

> En sus páginas encontrarás principios que, si los practicas con regularidad, tienen el potencial de transformar tu vida.

Apasionante es un libro orgánico; creció día a día conmigo. Cada capítulo refleja diferentes estilos, influidos tal vez por mis circunstancias. Al igual que tú, durante este tiempo he tenido alegrías y tristezas, retos y triunfos, días buenos y días difíciles.

La vida está pintada con delicados matices e impetuosos contrastes. Eso es lo que la hace apasionante.

Notarás que cada uno de los capítulos está titulado con solo una palabra, y que todas empiezan con la misma letra, porque creo que es más fácil aprender un concepto si está ligado a una palabra que puedas recordar. Cada capítulo pretende reflejar lo que te interesa, lo que personas como tú desean conocer, entender e implementar. Algunos contienen aplicaciones prácticas y otros te invitarán a pensar y a sacar tus propias conclusiones. Cada capítulo es independiente el uno del otro. Decidí hacerlo así porque entiendo que las responsabilidades y obligaciones absorben buena parte de nuestro tiempo y muchas veces —pese a nuestras mejores intenciones— dejamos un buen libro a medias. Al retomarlo, para recordar dónde habíamos dejado la lectura, a veces tenemos que leerlo nuevamente desde el principio. Y en ocasiones, corremos el riesgo de nunca completarlo. No quisiera que eso te pasara a ti. Gozar de la libertad de leer uno u otro capítulo sin temor a perder la trama te ayudará a apreciar más su contenido. Algunos son más largos y detallados, otros más breves y simples, para que puedas escoger el que se ajuste a tu tiempo y a tu estado de ánimo. Y no tendrás que sentirte en la obligación de leerlos consecutivamente porque no están ordenados por su relevancia.

> La vida está pintada con delicados matices e impetuosos contrastes. Eso es lo que la hace apasionante.

Gente común y corriente

En el transcurso de mis años de carrera profesional he tenido la oportunidad de conocer y entrevistar a muchas personas consideradas «apasionantes»: estrellas del mundo de la música y la farándula, destacados políticos, respetados líderes, profesionales influyentes, y personajes reconocidos a nivel internacional. Pero también he entrado en contacto directo con muchas otros que podrían catalogarse como «gente común y corriente»; personas que tal vez nunca van a ser reconocidas ni famosas por su labor, logros o esfuerzos, pero que indudablemente están dejando una huella en la vida.

Al escuchar sus historias, conocer sus casos individuales, sus triunfos, sus fracasos, sus sueños, sus esperanzas y el trabajo que realizan —muchas veces sin recibir nada a cambio—, me parece que estos «héroes desconocidos» son tanto o más apasionantes que muchos de aquellos que tienen una plataforma pública. Algunos prefieren permanecer «detrás de las bambalinas» para permitir que sean otros los que brillen en el escenario principal.

Tal vez conozcas a personas como estas.

Tal vez tú seas una de ellas.

- Padres que se sacrifican trabajando arduamente para brindar a sus hijos un mejor futuro.
- Madres que ponen sus aspiraciones profesionales en espera, para dar prioridad a su familia.
- Voluntarios que donan su tiempo, dinero y esfuerzo para ayudar a los menos privilegiados.
- Jóvenes que no dejan que sus circunstancias difíciles determinen su futuro, llegando a ser un ejemplo para otros.
- Maestros que vierten su experiencia y conocimiento para forjar nuevas generaciones.
- Parejas que deciden transformar el futuro de un niño a través de la adopción.
- Profesionales que usan su influencia para luchar contra una injusticia.
- «Buenos samaritanos» que arriesgan su seguridad para ayudar a gente que no conocen.

...Y la lista continúa.

Algunas historias como estas forman parte de este libro, ilustrando los principios que te quiero transmitir. Gracias a ellas y a mi propia experiencia, me di cuenta de que —contrario a lo que muchos opinan— las difíciles situaciones pasadas y las circunstancias presentes no deberían determinar ni limitar nuestro futuro. Todos podemos mejorar, cambiar, crecer, superarnos, equiparnos, ser transformados, y con la ayuda de Dios dejar un legado que inspire a otros y vaya más allá de nuestra propia existencia.

> Estos «héroes desconocidos» son tanto o más apasionantes que muchos de aquellos que tienen una plataforma pública.

Te invito a conocer y a aprender de personas como tú y como yo, desconocidas o famosas, contemporáneas o históricas, con dinero o con recursos limitados, con títulos universitarios o con solo educación básica, con familias saludables o disfuncionales, pero que tienen varias cosas en común: aprendieron a implementar en su vida principios y valores que les transformaron. La importancia del perdón, el poder de la persistencia, el valor de la gratitud, la

magia de la creatividad, la fuerza del optimismo, las recompensas de la gene-
rosidad y el valor de la integridad, forman parte de su historia.

Además, demuestran con su ejemplo la profunda importancia de determinar
prioridades, establecer límites, desarrollar talentos, identificar debilidades, aprender de errores, transformar circunstancias, erra-
dicar malos hábitos, tomar decisiones difíciles,
encontrar el balance, trabajar con excelencia, y
que en la vida nunca debemos terminar de
aprender. Todos estos son factores fundamentales para vivir una vida *apasionante*.

> *Todos podemos mejorar,
> cambiar, crecer,
> superarnos, equiparnos,
> ser transformados, y con
> la ayuda de Dios dejar un
> legado que inspire a otros
> y vaya más allá de nuestra
> propia existencia.*

Un elemento inusual

Como te mencioné hace unos párrafos, a lo
largo de estas páginas vas a encontrar algo que
no es común en libros de autoayuda: poemas
inéditos. Es más, personalmente nunca vi una
combinación semejante, pero me parece que le
dan a esta obra un toque atractivo e inusual y,
en muchos casos, complementan las enseñanzas y los principios. La inspiración
no siempre está basada en vivencias personales. Al igual que otras obras de arte
creativo, muchas veces los poemas se basan en vivencias ajenas: libros, historias, o simplemente una viva imaginación.

Agradezco la apertura y el apoyo de mi casa publicadora por darme la libertad y confianza de hacer algo diferente. Las empresas innovadoras son las que
rompen esquemas y marcan el rumbo.

Entonces —decía— después de mucho cavilar decidí incluir en este libro
algunos de los muchos poemas que escribí a lo largo de los años. Una de las
razones que confirmó mi decisión fue comprobar que las personas que me salu-
dan y contactan en conferencias, redes sociales o medios de comunicación
muestran siempre un gran interés por ellos y me preguntan dónde pueden
encontrarlos.

Quiero que sepas que, con la excepción de un par de amigos de confianza,
eres una de las primeras personas en leerlos. Espero que sean también de interés
para ti y te inspiren a desempolvar esos rincones dormidos que quizás en otro
tiempo llenaban tu corazón, sean cuales fueren. Y no te preocupes si alguna vez la
inspiración se va de vacaciones, porque tarde o temprano... siempre regresa.

Inspiración

Salió por la ventana con la brisa
que se escapa sutil, inevitable,
la quise retener, pero al instante,
fugaz desvaneciose su sonrisa

Creí poder hallarla en la fragancia
que destila una flor en primavera,
mas la aridez de invierno en mi frontera
marchitó las gardenias de la estancia

Busqué entre recuerdos y memorias
tratando de encontrar alguna huella,
hallé un sinfín, tan vastas como estrellas,
pero ninguna fresca o promisoria

Supuse que encontrarla al fin podría
dormida entre mis noches solitarias,
mas la muda respuesta a una plegaria
mostrome que partió su compañía

Pareciera no existen soluciones
y esperar sólo queda que regrese...
no es fácil aceptar que, aunque me pese,
la inspiración se fue de vacaciones.

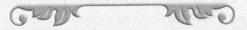

Capítulo 1

¿APASIONADO O APASIONANTE?

Las pasiones son como los vientos. Pueden poner un barco en movimiento, pero con frecuencia originan huracanes.

—BERNARD B. DE FONTENELLE

FÚTBOL, ¡PASIÓN DE MULTITUDES!

Esa es una frase que se repite y se vive en muchos países del mundo, especialmente en nuestra querida Iberoamérica. Mientras que en algunos lugares un encuentro deportivo es simplemente una competencia, existen otros en los que un partido de fútbol puede literalmente paralizar a un país.

La casa donde crecí estaba cerca del estadio principal de mi ciudad. Cuando había un lleno total por un partido importante, desde mi ventana se podía escuchar el eco de los rugidos colectivos cada vez que se metía un gol o se erraba un penal, y el bullicio de la celebración o el desencanto de los fanáticos durante la competencia. Perdiera o ganara el equipo favorito, no había nada que se comparara a formar parte de la euforia del fútbol.

Yo no era la excepción. Gracias a mi trabajo y a mis conexiones, tenía credenciales para poder entrar directamente a la cancha, conocer a los jugadores o subir al área VIP con otros colegas de diferentes medios de comunicación. Pero la verdad es que la mayoría de las veces prefería estar con un buen grupo de

1

amigos en las graderías, portando los colores de mi equipo favorito y gritando a
todo pulmón. Tal vez tú tengas memorias similares o todavía esta experiencia
forme parte de tu vida.

Pero la verdad es que cuando hablamos de gente apasionada, no todo siempre termina en celebración. La pasión es un sentimiento muy intenso, capaz de
dominar la voluntad y doblegar la razón; por eso, un simple encuentro de fútbol
puede desencadenar reacciones inesperadas. En las noticias y a través de los
vídeos en Internet se pueden ver casos divertidos como extremos: desde imágenes del abuelo en el sillón de su casa que se enoja tanto por la decisión del
árbitro que le tira un zapatazo al televisor, hasta tragedias como la reciente
muerte de setenta y cuatro personas por la violenta pelea que se produjo en
Egipto después de un partido.[1]

Pasiones y emociones

Si hablamos de pasión, obviamente esta no se limita a los deportes. Estoy segura
de que conoces casos en los que alguien actuó apasionadamente, pero estaba
apasionadamente equivocado. Hay quienes incluso descuidan sus responsabilidades, toman decisiones alocadas, o hasta des-
truyen y lastiman a otros por dejarse llevar por
pasiones desordenadas. La pasión mueve montañas pero también las derriba.

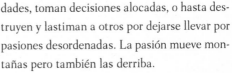

*Las decisiones o
proyectos basados en
emociones en vez de
principios, generalmente
producen resultados
superficiales y pasajeros.*

No obstante, parecería que últimamente
la palabra «pasión» está de moda. Se habla de
cómo transmitirla, encontrarla o compartirla.
Se trata de analizar ese sentimiento o emoción
intensa que nos impulsa a salir de la proverbial
«zona de confort» para desarrollar nuestro
potencial y alcanzar nuestros sueños. Se afirma que si descubrimos nuestra pasión, hallare-
mos también nuestro propósito. Se asegura que quienes triunfan en la vida son
las personas apasionadas.

Pero la pasión ha sido muchas veces mal manejada y mal entendida.

No estoy diciendo que esta emoción sea algo negativo. Para muchos, la
pasión es como el combustible que impulsa el motor de la vida. Pero el problema
es que, como todo sentimiento, la pasión puede resultar efímera, volátil, indo-
mable e impredecible, y al igual que una llama de fuego, tiende a extinguirse tan

fácilmente como empezó. Las decisiones o proyectos basados en emociones en vez de principios, generalmente producen resultados superficiales y pasajeros.

Persiguiendo un sentimiento

«Creo que he perdido mi pasión por la vida» es la queja común de muchas de las personas que vienen a mi oficina para recibir consejería. Una de ellas me compartió sus frustraciones: «Desde muy joven siempre estuve lleno de sueños e ilusiones. Me involucré en agrupaciones, causas y proyectos en los que trabajé con todo empeño, pero tarde o temprano siempre aparecía algo nuevo que me entusiasmaba más o las cosas no salían como las había anticipado. Años después decidí que iba a dedicarme a los negocios y vertí todo mi esfuerzo en ganar dinero y ser un profesional exitoso. Ahora, soy dueño de tres diferentes compañías y mis inversiones me permiten comprar todo lo que siempre quise tener... pero nada me llena. Parece que cada vez que me apasiono por algo, tarde o temprano llega el momento en el que ese sentimiento desaparece».

> ¿Te parece que continuamente estás persiguiendo algo que te llene, que te complete, que te muestre tu propósito en la vida?
>
>

Su historia me hizo recordar algo.

Cuando eran más pequeños, a mis dos hijos les encantaba perseguir luciérnagas en las noches de verano. Tan pronto como el sol se ocultaba y las tenues lucecitas titilaban en la penumbra, corrían entusiasmados al jardín con la esperanza de atraparlas. Cuando al fin capturaban una, la ponían cuidadosamente en un frasco transparente y la admiraban como a un preciado tesoro.

Pero después de unos minutos, se daban cuenta de algo interesante: mientras más tiempo permanecían atrapadas, las luciérnagas gradualmente dejaban de brillar. Y cuando ya casi no emitían el codiciado fulgor, mis niños las dejaban ir para correr en busca de otras que sí brillaran y que les permitieran disfrutar del resplandor. Al final de la jornada, ambos terminaban tan extenuados que no tenían ganas de hacer nada más.

> Quiero proponerte algo radical: deja de ser una persona simplemente apasionada, y conviértete en una persona **apasionante.**

Esto es precisamente lo que podría ocurrirle a una persona *apasionada*; a aquella que se deja guiar por sus *emociones* y no por sus *convicciones*. Le ilusiona un ideal, un proyecto, un pasatiempo o una persona, y trabaja con ahínco para alcanzar, obtener o conquistar al objeto de su pasión. Pero cuando al fin lo logra, tarde o temprano se apaga la llama y nuevamente corre en busca de algo más. Y llega el momento en el que, al igual que mis hijos, termina completamente extenuada.

¿Alguna vez te pasó algo parecido? Tal vez tus circunstancias sean diferentes, ¿pero te parece que continuamente estás persiguiendo algo que te llene, que te complete, que te muestre tu propósito en la vida?

O quizás crees que ya encontraste tu verdadera pasión. ¿Sientes entonces que mantenerla viva es a veces tan agotador como estar abanicando sin parar las llamas de una hoguera, para que estas no se extingan? Si somos sinceros, creo que todos debemos confesar que en algún momento de nuestra vida nos hemos encontrado en una situación similar.

C. S. Lewis decía: «Puede que el conocimiento perdure, los principios permanezcan o los hábitos continúen; pero los sentimientos vienen y van».

La gran diferencia

A través de este libro quiero proponerte algo radical: deja de ser una persona simplemente apasionada, y conviértete en una persona *apasionante*.

Tal vez tu primera reacción sea preguntar: ¿pero acaso no es lo mismo?

No lo es.

Existe una gran diferencia entre ambas.

Una persona apasionada es emocional.
Una persona *apasionante* emociona.

Una persona apasionada busca inspiración.
Una persona *apasionante* inspira.

Una persona apasionada quiere influencia.
Una persona *apasionante* influye.

Una persona apasionada busca algo interesante.
Una persona *apasionante* interesa.

Una persona apasionada es exigente.
Una persona *apasionante* es excelente.

Una persona apasionada se centra en percepciones.
Una persona *apasionante* se centra en principios.

Una persona apasionada persigue ideas.
Una persona *apasionante* persigue ideales.

Una persona apasionada actúa por reacción.
Una persona *apasionante* actúa por convicción.

Una persona apasionada aviva el fuego.
Una persona *apasionante* enciende una llama.

Una persona apasionada busca una causa.
Una persona *apasionante* causa una búsqueda.

Es mi sincero deseo que los siguientes capítulos causen una búsqueda, y te ayuden a dejar de perseguir un elusivo y variable sentimiento para que puedas enfocarte en un proceso de transformación.

Tú puedes convertirte en alguien

- que inspira con su vida,
- que emociona con sus proyectos,
- que interesa con sus puntos de vista,
- que influye con sus convicciones,
- que cautiva con sus ideales,
- y que enciende la llama de un legado que perdure más allá de su propia existencia.

Valora lo que más importa, y vive una vida *apasionante*.

Capítulo 2

EMPRENDE

O bien escribe algo que valga la pena leer o haz algo que valga la pena escribir.

—BENJAMIN FRANKLIN

La aventura no está fuera del hombre. Está dentro de él.

—JORGE ELIOT

De molinos y quijotes...

«En un lugar de la Mancha, de cuyo nombre no quiero acordarme, no hace mucho tiempo que vivía un hidalgo». Así empieza una de las obras más destacadas de la literatura universal, catalogada por el Instituto Nobel de Noruega como el mejor trabajo literario jamás escrito.[1] La novela del español Miguel de Cervantes Saavedra: *El Ingenioso Hidalgo Don Quijote de la Mancha,* fue escrita hace más de cuatrocientos años, y narra las aventuras y desventuras de Alonzo Quijano, un noble caballero que emprende una interesante jornada guiado principalmente por su deseo de luchar por la justicia, y por su pasión de transformar al mundo en un lugar mejor.

Pese a que claramente está establecido que el protagonista había perdido el juicio, a lo largo de toda la obra expresa pensamientos tan profundos y verdaderos como los de la persona más cuerda e inteligente. «Dad crédito a las obras y no a las palabras». «Es mejor ser loado de los pocos sabios que burlado de los muchos necios». «El que no sabe gozar de la ventura cuando le viene, no se debe quejar si se pasa». «Los perros ladran, Sancho; es señal de que cabalgamos» y cientos de otras frases similares forman parte de la riqueza de esta obra y sus interesantes personajes.

Don Quijote era sin duda un hombre apasionado, pero la mayoría de las veces estaba apasionadamente equivocado. No obstante, millones de lectores en todo el mundo continúan siendo cautivados con sus inusuales aventuras. Aunque nunca tengas que pelear contra molinos de viento como lo hizo Don Quijote, tu vida puede ser tan emocionante como la suya.

La primera vez que leí este libro fue en su versión original y completa. Desde muy temprana edad descubrí la gran satisfacción que brinda el hábito de la lectura y pasé incontables horas enfrascada en las fascinantes obras de la literatura universal. En casa tuve la dicha de contar con una biblioteca entre cuyos libros se encontraba una antigua colección de estos inmortales clásicos, que permaneció con nosotros por generaciones.

Todavía conservo algunos de esos libros, con las páginas ya amarillentas y resecas por el paso del tiempo; es más, mientras escribo estas líneas tengo en mis manos una versión de Don Quijote impresa a principios del siglo pasado. Una verdadera joya.

> Don Quijote era sin duda un hombre apasionado, pero la mayoría de las veces estaba apasionadamente equivocado.

Ya pasaron muchos años desde mi niñez —no voy a decir cuántos— pero aquellos personajes e historias aún cautivan mi imaginación. Y mientras más hablo con la gente, más me doy cuenta de que esto es algo común para quienes disfrutamos pasar las horas juveniles enfrascados en un buen libro.

¡Esos buenos viejos tiempos!

Dependiendo de tu edad, tal vez puedas recordar que hace algunos años, que parecen mucho más lejanos de lo que son en realidad, los niños y jóvenes no estábamos atiborrados con un sinfín de distracciones y opciones electrónicas que, si no son manejadas con sabiduría, pueden consumir el tiempo, distraer la mente y coartar la creatividad.

- En aquellos «viejos tiempos» no existía la Internet ni la música en formato digital; para buscar información leíamos una enciclopedia. Si necesitábamos mandar una carta usábamos el correo regular, y como los CDs eran pocos y caros, comprábamos música en casetes y discos de vinilo.

- Casi nadie tenía un horno microondas o un teléfono celular; preparar la cena tomaba horas, no minutos, y teníamos que pelearnos con nuestros hermanos por el turno para usar el único teléfono de la casa.

- Algunas personas tenían un Atari o una computadora en casa, pero la mejor manera de disfrutar de un videojuego era poniendo moneditas en una máquina en la tienda de la esquina. Y si alguien hablaba de un «ratón» posiblemente se estaba refiriendo a un pequeño roedor y no a un dispositivo electrónico.

La primera vez que mis hijos se dieron cuenta de que así había sido mi niñez, me preguntaron si también teníamos dinosaurios como mascotas igual que los Picapiedras.

Si tú te identificas con esas épocas, me imagino que concuerdas con mi opinión de que la ausencia de una variedad de opciones electrónicas de entretenimiento nos obligaba a ser más activos y a usar constantemente nuestra creatividad e imaginación. ¿Recuerdas qué es lo que hacías para distraerte? Tal vez dedicarte a un deporte, hacer manualidades, dibujar, aprender a tocar un instrumento, salir a jugar con tus amigos, o tal vez, embarcarte en la aventura de leer un buen libro.

> La ausencia de una variedad de opciones electrónicas de entretenimiento nos obligaba a ser más activos y a usar constantemente nuestra creatividad e imaginación.

Sorprendentes beneficios de leer por placer

Seguramente escuchaste muchas veces acerca de la importancia de desarrollar el hábito de la lectura y hacerlo parte de tu rutina diaria. Y no me refiero a leer revistas de chismes de la farándula, a comentarios de Facebook o Twitter, o a los dibujitos del periódico de los domingos; hablo de tomar un libro en tus manos y sumergirte en su contenido.

Mientras hacía la investigación para este capítulo, fue interesante descubrir que los beneficios de los que nos hablaban nuestros padres, abuelos o maestros fueron comprobados en un extensivo estudio realizado por el

Departamento de Sociología de la Universidad de Oxford.[2] Este estudio, que tomó más de dos décadas, parece demostrar que la lectura está directamente vinculada al éxito profesional.

Un grupo de científicos de esta prestigiosa universidad analizó a través de una serie de cuestionarios, las actividades, hábitos, preferencias e intereses de casi veinte mil jóvenes. Una de las áreas a las que se prestó más atención fue averiguar qué hacían estos jóvenes en su tiempo libre.

Después de veinte años, se entrevistó nuevamente a las personas que habían participado en el estudio. Los resultados demostraron que un gran porcentaje de quienes dijeron que leer por placer era uno de sus hábitos favoritos, tenían muchas cosas positivas en común: habían completado sus estudios, desarrollado exitosas carreras, y alcanzado un mejor nivel de vida en general. Muchos de ellos habían escalado posiciones de influencia y liderazgo. Interesantemente, estos resultados no dependían del nivel socioeconómico de los jóvenes, sino que estaban directamente vinculados a su amor por la lectura.

Además de lo que demuestra este estudio, leer una variedad de libros y autores ofrece incontables beneficios. No solamente es un elemento básico para aprender y adquirir información, sino que también ayuda a ampliar el vocabulario, mejorar la ortografía, desarrollar un buen estilo de escritura, dar más opciones de conversación y hacer que la persona sea más segura de sí misma.

Leer requiere concentración, interés y atención. Mantiene la mente alerta y a las neuronas en constante actividad. Permite embarcarse en una aventura y dibujar en la mente paisajes, personajes y escenarios que, aunque estén basados en lo que alguien más escribió, son el producto de la propia creatividad del que lee. Y ya sea ficción, una historia real o un libro de aplicaciones prácticas, quien lee por placer está atento a la trama, quiere entenderla, se identifica con secciones del contenido, y aprende a poner en práctica lo aprendido. Espero que ese sea tu caso.

> Tu edad, ocupación o condición económica o social no deberían ser una excusa; nunca es tarde para empezar o recuperar lo que se ha descuidado.

¿Te das cuenta de que cuando decides leer, recibes casi involuntariamente y sin hacer un esfuerzo conciente todos estos beneficios y muchos más? Tu edad, ocupación o condición económica o social no deberían ser una excusa; nunca es tarde para empezar o recuperar lo que se ha descuidado.

Estoy agradecida y contenta de que hayas decidido leer este libro, y espero que cuando lo termines, continúes con este hábito y lo hagas parte de tu vida diaria. Embárcate en la aventura. Y recuerda que, como decía Mark Twain, la persona que no lee un libro, no tiene ventaja sobre aquella que no sabe leer.

Inspirada en el inmortal clásico de Cervantes y en la aventura en la que nos embarcamos al leer un buen libro, dejé que mi imaginación volara y nos transportara a un viejo lugar de La Mancha...

Aventura

Distante...
los molinos se quejan al caer de la tarde
el ocaso dispersa su acuarela de ensueño
las paredes del cosmos se despliegan errantes...
y ella está tan distante

Solitaria la senda, solitario el paraje
su única compañía es el fiel Rocinante
triste el viento susurra, sopla gris a su antojo
danza el fuego que muere en los últimos leños
y le duele su ausencia, y se siente el bagaje
y esa hambre de verla, y esa sed implacable
de sentirla en sus brazos, de perderse en sus ojos...
y ella está tan distante

Continúa su marcha como viajero errante
el gentil caballero, el Quijote sin sable
paladín solitario que pelea incansable
derribando murallas, derrotando gigantes
construyendo castillos, conquistando ciudades...
Él quisiera tenerla en cada paso del rumbo
y ella está tan distante

Pero él sigue luchando pues se sabe su dueño
y bien sabe que siempre ella vuelve a su estanque
de una forma o de otra, sus veredas se cruzan
el destino la trae en las alas de un trance
y hoy presiente que pronto su pasión inconclusa
tendrá un breve remanso al caer de la tarde
ella debe estar cerca, ya se siente su alcance
su fragancia a magnolias se percibe en el aire...

Y al fin ella aparece, con sonrisa radiante
con aroma de ensueños, con sus labios corales
alabastro su cuello, su mirar penetrante
con blancura de nácar, con vaivén de trigales
su sutil Dulcinea se apresura al reencuentro
cual salida de un sueño, al caer de la tarde
y se pierde en su abrazo, y se entrega a raudales
y él la mira en silencio con amor incesante
y ambos beben el néctar de ese fugaz encuentro
porque saben que en breve será el fin del romance

Y tocó la partida. Ella vuelve a su mundo
y él se queda observando su silueta anhelante
que se torna pequeña mientras ella se aleja
el vacío que deja se percibe profundo
un suspiro transita por las alas del aire
los molinos al viento continúan su queja...
Nuevamente distante

Mas después de ese encuentro se selló su destino
y un sentimiento pleno lo llena por completo
sabe al fin que ya tiene quien comparta el camino
y resuelve aferrarse a ese amor en secreto
a su reina y señora, a su dama de ensueño
a su fiel compañera, pues se sabe su dueño

Y aunque luche batallas y la senda sea oscura

y derrote gigantes o derribe murallas

y conquiste ciudades o construya castillos

y confronte tormentas o disfrute la calma,

él convierte a su amada en su gran aventura...

y decide llevarla para siempre en su alma.

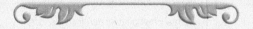

Capítulo 3

EXTIENDE

Tu grandeza es medida por tu bondad y compasión;
tu educación e intelecto por tu modestia y sencillez;
tu ignorancia es traicionada por tus prejuicios y sospechas;
y tu verdadero calibre es medido por la consideración y tolerancia que
tienes por otros.

—WILLIAM J. H. BOETCKER

El placer de viajar

Cuando tenemos la oportunidad de viajar y conocer otros países, idiomas y culturas, la mente se abre a nuevas perspectivas y el alma aprende de nuevas experiencias. No es lo mismo ver una fotografía o imágenes en televisión que respirar el aire, degustar la comida, o estrechar la mano de alguien que se convertirá en un amigo.

Nos damos cuenta de que nuestra percepción de las cosas no siempre es la única realidad y que a pesar de las distancias geográficas o culturales existen principios, deseos y necesidades afines que nos unen como raza humana. Los lazos se estrechan y los horizontes se extienden. Como dijo Mark Twain: «El viajar mata los prejuicios y la intolerancia, por ello un criterio amplio de la gente y la vida nunca será alcanzable si nos sentamos en nuestro propio rincón del mundo».

Viajar es parte de mi carrera profesional, ya sea para participar en producciones televisivas, o como invitada para compartir mi historia, presentar mis escritos, o dar conferencias en congresos y organizaciones.

> Nuestra percepción de las cosas no siempre es la única realidad y a pesar de las distancias geográficas o culturales existen principios, deseos y necesidades afines que nos unen como raza humana.

Visité muchos países y ciudades de nuestra querida Latinoamérica y Estados Unidos, y siempre estoy dispuesta a aceptar invitaciones y conocer nuevos lugares, como el tuyo. De cada uno de mis viajes llevo preciosos recuerdos y experiencias, y las amistades forjadas continúan pese al tiempo y la distancia.

Un buen amigo y colega, con quien trabajé lado a lado por varios años en una de las mejores cadenas de televisión de Estados Unidos, dedica ahora gran parte de su tiempo precisamente a poner en práctica este criterio.

A Pedro Ultreras le encanta viajar, pero no lo hace únicamente por placer, sino que ahora —en su faceta de cineasta— se dedica a llevar a la pantalla grande situaciones que de otra manera podrían pasar inadvertidas.

Uno de los proyectos en los que tuve el gusto de participar junto a él, poniendo mi voz e interpretación como la narradora de un documental cinematográfico, muestra la difícil realidad y las peligrosas experiencias de miles de inmigrantes centroamericanos. Hombres y mujeres, desesperados por abandonar sus precarias condiciones y proveer sustento para sus familias, lo arriesgan todo en su afán de alcanzar la frontera y lograr el «sueño americano», el cual, como muchos dicen, se convierte con frecuencia en pesadilla.

Cámara en mano, Pedro y su equipo los acompañaron durante semanas en su trayectoria, viendo cómo ponían en riesgo su seguridad y hasta su propia vida, encontrándose con malhechores, abordando trenes en marcha, y sufriendo muchos de ellos terribles consecuencias. Pero también vieron cómo encontraron en el camino albergues y personas compasivas que les extiendieron la mano, socorriéndoles con agua para saciar su sed, alimento para vencer el hambre, alguna medicina para mitigar su dolor y esperanza para no desmayar.

Este documental cinematográfico que lleva por título «La Bestia», se transformó también en un exitoso libro. Ambos continúan exhibiéndose y distribuyéndose alrededor del mundo.[1]

El reportero trotamundos

Otra persona que disfruta ampliando sus horizontes es mi amigo Eric Benton. Él también llevó al extremo su espíritu aventurero creando la producción: «Bill McAllister, el reportero trotamundos».[2] No solo se dedicó a viajar por casi todo el mundo junto a su equipo de producción, sino que decidió quedarse a vivir por varios meses en muchos de esos países, aprendiendo de su gente y su cultura. Eric es joven, inteligente y talentoso. Habla cinco idiomas y en su carrera de actor, músico y productor trabajó con grandes estrellas de Hollywood. Pero lo que lo hace una persona apasionante no son sus logros profesionales, las conferencias motivadoras que ofrece ni el haber luchado contra difíciles circunstancias para llegar donde está, sino un corazón dispuesto a extender la mano a quien lo necesita.

Hace unos meses, me contó que una tarde de invierno estaba de camino a una importante cita. Un fresco manto blanco cubría las frías calles de la ciudad canadiense donde él se encontraba, y la nieve seguía cayendo. De pronto, algo le llamó la atención en una esquina donde se agolpaban bolsas de basura. ¡Le pareció que una de ellas se movía! Intrigado, se acercó para ver de qué se trataba... y cuál sería su sorpresa al descubrir a un hombre semiinconsciente, tirado en plena calle y parcialmente cubierto por la nieve.

Era un anciano de más de ochenta años que había resbalado en el hielo, golpeándose la cabeza. Con el trajín usual de una ciudad donde todos transitan con apuro, nadie se había percatado de la situación. Cuando ya casi había perdido toda esperanza y estaba a punto de desfallecer, oyó la voz de Eric que le aseguraba que todo iba a estar bien. Sin poder hablar, se aferró desesperadamente de su mano.

Muchas manos extendidas

El joven pidió ayuda en voz alta. Otros transeúntes se dieron cuenta de lo que estaba pasando y, de repente, algo mágico ocurrió; todos dejaron de lado sus propios planes y compromisos y se dispusieron a ayudar. Así, mientras uno se mantenía en el teléfono recibiendo instrucciones del operador de emergencias, otros dos intentaban desviar el tráfico para abrir paso a la ambulancia que estaba en camino; una dama limpiaba suavemente el rostro ensangrentado del anciano, y varios se quitaron los abrigos para cubrirlo. El frío no importa cuando se trata de salvar una vida.

Mientras tanto, el hombre no soltaba la mano de Eric. Cuando finalmente llegó la ambulancia, el joven se subió al vehículo con él para acompañarlo. En el trayecto al hospital, el anciano abrió lentamente los ojos y mientras una lágrima le rodaba por la mejilla, balbuceó con una voz ronca y cansada: «Gracias... ¡gracias! No tengo a nadie en este mundo. Estoy siempre solo... esta fue la segunda vez que hoy me resbalé en el hielo, solo que ya no me pude volver a levantar».

Eric simplemente respondió: «Ya no está solo; ahora me tiene a mí. Prometo ir a visitarlo al hospital y llevarlo a casa cuando le den el alta».

> De repente, algo mágico ocurrió; todos dejaron de lado sus propios planes y compromisos y se dispusieron a ayudar.

Otra tibia lágrima rodó por la mejilla del anciano, pero ahora acompañada de una sonrisa.

Recordando ese momento, Eric me dijo: «En el medio de lo que podría haber sido una tragedia, allí estábamos; un grupo de perfectos desconocidos trabajando juntos para extender una mano, rodeando a ese viejito con calor humano y dándole una esperanza».

Aquello parecía la escena de una película, solo que esta vez, una vida estaba en juego.

Promesa cumplida

Eric cumplió lo prometido. Unas semanas después, pude ver unas fotografías donde aparecía junto al ancianito, ya recuperado. Aunque todavía se le podían ver las marcas del golpe en la cara, las exhibía con una sonrisa. Eric reflexiona diciendo: «La vida está llena de paradojas; es en los momentos difíciles donde a veces experimentamos las más grandes manifestaciones de amor. Esa noche, al ver tanta ayuda desinteresada, en medio del frío sentí una tibia brisa en mi corazón que palabras no pueden describir. Juntos ayudamos a orquestar un milagro».

> La vida está llena de paradojas; es en los momentos difíciles donde a veces experimentamos las más grandes manifestaciones de amor.

Tú también podrías ayudar a orquestar un milagro. Tal vez no tengas la posibilidad de viajar por todo el mundo y extender tus horizontes, pero si abres los ojos podrás ver que muy cerca de ti, a tu alrededor, siempre existirá una oportunidad para que extiendas una mano.

habitación. Allí encontraron a la mujer llorando desconsoladamente, aferrada a la camisa de José.

Nadie dudó de la veracidad de sus palabras. La acusación fue creída; el juicio, rápido; la sentencia, severa. José se vio pronto entre las cuatro paredes de una celda.

Aunque esta historia parece sacada de una telenovela, tal vez ya te diste cuenta de que este caso no es el producto de la imaginación de un escritor. No ocurrió recientemente, sino hace más de dos milenios en Egipto, y forma parte de los anales de la historia del pueblo hebreo. Aunque dejé volar mi imaginación mientras lo relataba, el fundamento no cambia: en esta vida, muchas veces hay que estar dispuesto a pagar las consecuencias por actuar con integridad.

Una conciencia limpia no tiene precio.

> *En esta vida, muchas veces hay que estar dispuesto a pagar las consecuencias por actuar con integridad. Una conciencia limpia no tiene precio.*

Si continúas leyendo la historia original —que puede ser encontrada en la Biblia, en el capítulo 39 de Génesis— verás que todas las desventuras de José tenían un propósito. Sirvieron para probarlo, formar su carácter y al final pusieron en marcha las circunstancias perfectas para ayudar a su familia, su pueblo y toda una nación.

Al igual que José, todos nos vemos confrontados por tentaciones, y la mayoría de las veces son mucho más sutiles que la esposa del mercader.

Lobos y esquimales

Leí alguna vez que los esquimales de un pequeño poblado idearon un ingenioso método para cazar a los lobos. Cubren un cuchillo afilado, capa por capa, con la sangre de algún animal. La paciencia es imprescindible; tienen que esperar a que cada capa se congele hasta que el cuchillo quede completamente cubierto y se asemeje a una paleta de helado. Luego entierran el cuchillo en la nieve, y se alejan del lugar, asegurándose de que sus huellas queden cubiertas.

Tarde o temprano, algún lobo solitario que se apartó de su clan, olfateando todo a su paso en busca de nuevas experiencias o simplemente en búsqueda de algo para comer, descubre el aroma de la sangre con su fino olfato. Inmediatamente desentierra su hallazgo y lo empieza a lamer. Primero lo prueba despacio, con cautela. Pero mientras más lo hace, el sabor es más intenso; mientras más lame, más le gusta y al cabo de un rato ya no puede parar.

Lo que no se da cuenta es que la filosa hoja del cuchillo le está cortando la lengua.

> La realidad es que las tentaciones son atractivas. Si no, no nos costaría tanto evitarlas. Pero siempre acarrean consecuencias, aunque en el principio no sean evidentes.
>
>

El lobo se encuentra tan envuelto en el éxtasis del placer, que no puede percibir que el sabor que siente ahora es el de su propia sangre. Este hermoso animal, inteligente y preparado para sobrevivir en inhóspitas condiciones, está vertiendo su propia vida para satisfacer su deseo, que empezó como una curiosidad, y que ahora parece insaciable.

Al día siguiente, en medio de un charco de sangre congelada, los cazadores encuentran al cuerpo sin vida del lobo.

La tentación tiene tentáculos

La realidad es que las tentaciones son atractivas. Si no, no nos costaría tanto evitarlas. Pero siempre acarrean consecuencias, aunque en el principio no sean evidentes. Como una delicada medusa de mar que se muestra inofensiva y cristalina y parece hipnotizar con sus acompasados movimientos, la tentación tiene tentáculos. Cuando sientes el punzante dolor y ves que está aferrada a tu piel, ya es demasiado tarde. Aunque logres apartarla, quedarán las cicatrices.

Piensa en cuáles son las tentaciones a las que te sientes más propenso. No son iguales para todos; están hechas a tu medida. Por ejemplo, tal vez a ti no te atraiga beber alcohol en exceso, pero no puedes evitar mirar con deseo a alguna dama que no es tu esposa. O quizás tú no tienes problemas con controlar tus ojos, pero no puedes controlar tus finanzas y comprometes tu integridad cuando decides mentir en tu declaración de impuestos o en tu planilla de salario. De una u otra manera todos somos susceptibles; nadie es inmune a sus encantos. Si crees estar firme, mira que no caigas.

Estoy segura de que conoces casos —tanto públicos como privados— en los que una tentación dio lugar a que se destruyeran familias, reputaciones, empresas y futuros. No permitas que esto te ocurra a ti.

Recuerda: ser tentado no es el problema; el problema es caer en la tentación. Así que la próxima vez que se presente algo que no estés seguro que puedas resistir, haz como José: huye aunque te quedes sin camisa.

Capítulo 5

ESPERA

Todo tiene su tiempo, y todo lo que se quiere debajo del cielo tiene su hora [...] y todo lo hizo hermoso en su tiempo, y ha puesto eternidad en el corazón de ellos.

—REY SALOMÓN

La paciencia es la fortaleza del débil. Y la impaciencia, la debilidad del fuerte.

—EMANUEL KANT

Espera un poco, un poquito más...

Al empezar a escribir este capítulo, imprevistamente acudió a mi memoria una canción que fue muy popular hace décadas, y que propulsó a nivel internacional la fama del cantante mexicano José José, haciéndolo ganador de seis discos de oro y diez de platino.[1] Como le ocurre a muchas personas, yo crecí escuchando la música de la generación de mis padres y abuelos, y desarrollé un gusto especial por boleros, baladas, tangos, música del folklore local y latinoamericano, y alguna que otra zarzuela española. La canción a la que me refiero dice en el estribillo: «Espera un poco, un poquito más...». Y en esta ocasión, quiero hablarte precisamente de esperar.

A principios de los años setenta, cuando esa canción se escuchaba en casi todas las radios de Latinoamérica, un grupo de psicólogos de la Universidad de

Stanford en California se dedicaba a algo completamente diferente. El equipo, liderado por el doctor Walter Mischel, llevó a cabo un estudio que involucró a más de seiscientos niños y niñas, de cuatro a seis años de edad. El objetivo principal era determinar cuál era la edad promedio en la que los seres humanos comenzamos a ejercer el dominio propio.

Para esto, realizaron un interesante experimento: cada uno de los pequeñitos tuvo que sentarse frente a una mesa donde se colocaba un plato con un malvavisco. (Como nota curiosa, descubrí que, dependiendo del país, a esta golosina se la conoce como «masmelo», «bombón», «esponjita», «nube», o «angelito».)

> Al verse solos frente a tal tentación, las reacciones de los niños eran ocurrentes y graciosas, y fueron todas captadas en vídeo.

Luego de mostrarles el dulce, la persona a cargo le decía algo así:

«Este malvavisco es tuyo; puedes comértelo inmediatamente. Pero si no te lo comes ahora y esperas hasta que yo regrese, en vez de solo uno, vas a recibir dos».

Y con esto, la persona salía de la habitación.

Al verse solos frente a tal tentación, las reacciones de los niños eran ocurrentes y graciosas, y fueron todas captadas en vídeo. Algunos cubrían sus ojos para no ver el malvavisco; otros lo olían, lo tocaban o lo acariciaban como si fuera un muñequito; varios buscaron algo para distraer su atención, aunque no podían evitar que su mirada volviera constantemente a la mesa; y hasta hubo alguno que estuvo a punto de echárselo a la boca, para arrepentirse al último segundo.

Después de diez minutos —que seguramente para estos pobres chiquillos pareció una eternidad— la persona regresaba. Si el niño había resistido la tentación, recibía un segundo malvavisco, y ambos eran devorados con una gran sonrisa.

> Su decisión fue altamente afectada por la influencia positiva de sus padres, las circunstancias que los rodeaban y su entorno en general.

Al cabo del experimento, se determinó que solamente uno de cada tres niños no esperó por la doble recompensa y se lo comió antes de tiempo. Interesantemente, el hecho de que muchos hayan decidido esperar no tuvo que ver solamente con su inteligencia o personalidad, sino que su decisión fue altamente afectada por la influencia positiva de sus padres, las circunstancias que los rodeaban y su entorno en general.

Interesante, ¿no crees? Pero el estudio no termina aquí.

Después de diez años, los expertos se reunieron nuevamente con los participantes —ahora ya adolescentes— y descubrieron que la gran mayoría de aquellos que habían decidido esperar para recibir una recompensa mayor, demostraban una notoria ventaja sobre aquellos que no lo hicieron. Entre otras cosas:

- Eran más competentes a nivel académico.
- Habían sido aceptados en buenas universidades.
- Tenían una mejor interacción social.
- Mostraban características de liderazgo.
- Sabían cómo comportarse apropiadamente en diversas circunstancias.
- Eran populares; tenían un sólido grupo de amigos.
- Podían interactuar adecuadamente con adultos.
- Eran menos propensos a caer en adicciones.
- Tenían planes específicos para su futuro.

Estas características no estaban reservadas para quienes eran extrovertidos. Muchos jóvenes con personalidades más reservadas y tranquilas también las exhibían. Estudios posteriores realizados demostraron que estas ventajas los acompañaron durante años por venir.[2]

Este estudio se convirtió en uno de los más importantes sobre el concepto de la gratificación diferida, que se podría definir simplemente como la habilidad de resistir la tentación de una recompensa inmediata, con el objetivo de recibir posteriormente una recompensa más grande o mejor.

En otras palabras, saber esperar.

Tal vez digas: «¿Y eso qué tiene que ver conmigo? Ya no soy un niño y ¡ni siquiera me gustan los malvaviscos!». Déjame entonces hacerte una pregunta sobre una situación que tal vez hayas experimentado personalmente: ¿alguna vez intentaste seguir una dieta o ponerte en forma? Si la respuesta es sí, descubrirás que tratar de perder peso es uno de los mejores ejemplos de gratificación diferida, y de las consecuencias de no ponerla en práctica.

Lo que generalmente ocurre es lo siguiente:

Empiezas con las mejores intenciones: te levantas temprano, sales a correr, vas al gimnasio, compras un vídeo de ejercicios, comes de forma más saludable, llenas tu refrigerador de frutas y verduras, llevas un diario, cuentas las calorías, y monitoreas tu peso. Pero como los resultados no se notan de forma inmediata, al cabo de un tiempo dejas que tu equipo de ejercicios termine empolvado en alguna esquina, tu diario es usado por tus niños para hacer dibujitos, y te das cuenta de que tienes entre tus manos una hamburguesa doble con queso, tocino y papitas fritas. Y lo peor, tal vez te justificas diciendo que por lo menos la hamburguesa tiene lechuga, cebollita y hasta tomate.

No estás engañando a nadie. En todo tipo de emprendimiento, para ver resultados relevantes y permanentes hace falta motivación, decisión, compromiso, consistencia y sobre todo, paciencia.

¡Es que no me tienen paciencia!

Grandes y chicos por generaciones reímos con las aventuras y desventuras de «El Chavo del Ocho», uno de los más populares personajes del creativo Roberto Gómez Bolaños. Si recuerdas, «El Chavo» se quejaba constantemente con esa frase cuando, «sin querer queriendo», hacía cosas que provocaban que alguien en la vecindad se enojara con él.

> Para ver resultados relevantes y permanentes hace falta motivación, decisión, compromiso, consistencia y sobre todo, paciencia.

No necesitas vivir en «la vecindad del chavo» para perder la paciencia. Parecería que cada día es más difícil ponerla en práctica. Muchas veces me encontré diciendo: «Dios mío, dame paciencia... pero ¡dámela ya!». Este mundo moderno se mueve a velocidad vertiginosa y nos programa de alguna manera a que esperemos que las cosas se hagan tan rápidamente como sea posible.

Todo a nuestro alrededor parece valorar la gratificación instantánea y la velocidad. Compañías compiten por ofrecer los productos o el servicio más rápido al cliente, desde conexiones instantáneas en teléfonos celulares o Internet, hasta automóviles que van de cero a ochenta millas por hora en cuestión de segundos.

Lo mismo está ocurriendo en la forma en la que nos comunicamos por escrito, especialmente ahora con la proliferación de los medios sociales o los mensajes de texto. ¿Para qué desperdiciar un par de segundos extra escribiendo la palabra «qué» cuando podemos poner simplemente «k»? ¿O decir «por favor» cuando podemos escribir «xfa»?

O en la casa, ¿qué sentido tiene cocinar por horas, cuando en un par de minutos podemos tener una cena completa en un microondas? o ¿para qué perder el tiempo leyendo un libro completo cuando podemos leer el resumen en una página o ver la película?

Porque las cosas hechas con paciencia se disfrutan más y salen mejor.

¡No todo es una emergencia!

Hace unas semanas estuve en un restaurante que aseguraba que mi cena sería completamente gratis si la orden no llegaba a mi mesa en diez minutos o menos. La comida estuvo deliciosa y llegó en el tiempo estipulado, pero la verdad es que ¡en pocos lugares he visto a meseros y cocineros tan estresados!

La paciencia es una virtud que tiene grandes beneficios. No solo te ayudará a vivir de una manera más relajada, tranquila y productiva, sino que también es un elemento esencial para tener paz interior. Recuerda, ¡la mayoría de las cosas en la vida no son una emergencia! Pero si somos honestos, muchas veces actuamos como si lo fueran. Sin paciencia, la vida es extremadamente frustrante y vas a pasar tus días molesto y enfadado, porque las cosas generalmente no van a salir como tú quisieras ni en el tiempo que habías planificado.

> Recuerda, ¡la mayoría de las cosas en la vida no son una emergencia! Pero si somos honestos, muchas veces actuamos como si lo fueran.

Por ejemplo, piensa si realmente vale la pena:

- Tocar ensordecedoramente la bocina, porque el automóvil que está delante de ti no parte inmediatamente después que le dieron luz verde.
- Molestarte porque la línea de espera que escogiste en la tienda se mueve más lentamente que las otras.
- Gritarle a tus hijos porque no aparecieron en la puerta de tu casa listos para salir contigo un minuto después de que los llamaste.
- Darle un golpe a tu computadora porque tarda quince segundos en vez de cinco para mostrarte la página que buscas.

¿Necesitas más ejemplos? Si estás sonriendo, me imagino que no.

Para muchos, ser impaciente es un hábito. Pero como todo hábito, puede ser modificado. Precisamente hablo al respecto en el capítulo titulado Elimina; si todavía no lo hiciste, te invito a que lo leas.

La importancia de saber esperar se hace evidente en la misma naturaleza; al plantar una semilla, por ejemplo, hay que esperar para ver el resultado. Luego de ponerla en la tierra, necesita luz y agua, pero sobre todo, paciencia. Y muchas veces los resultados podrían ser más sorprendentes y duraderos de lo que habíamos imaginado.

Simplemente espera

Hace muchos años, un hombre decidió plantar un pequeño jardín de hortalizas en un terreno fértil que encontró en la ladera del pueblo. Mientras enseñaba a su nieto las diferentes semillas, se dio cuenta de que entre ellas había algunas que no reconocía. Las entresacó del grupo y cuando estaba a punto de tirarlas a la basura, el niño le dijo:

> Muchas veces los resultados podrían ser más sorprendentes y duraderos de lo que habíamos imaginado.

«Abuelito, ¡no las tires! Déjame plantarlas. ¡Tal vez son de algún tipo especial de fruto que nos va a hacer ganar un premio en la feria!».

El anciano sabía que ese no sería el caso, pero dejó que el niño hiciera lo que había sugerido.

Todos los días, ambos volvían al terreno para trabajar con esmero en su huerto. Impaciente, el niño creía que los resultados serían casi inmediatos, y más de una vez quiso desenterrar las semillas para poderlas ver. Pero su abuelo sabiamente le decía:

«No las toques... simplemente espera».

Después de un tiempo, algunas de las plantas empezaron a surgir tímidamente entre la tierra. Al cabo de unas semanas se podían ver los tallos, después las hojas y luego las flores. Hasta que finalmente, el fruto del trabajo se hizo evidente: suculentos tomates, calabazas, pimientos, y otras hortalizas y verduras adornaban el huerto con sus colores y aromas. Parecía que todas las semillas habían producido un resultado.

Todas, menos las que el niño había plantado en la esquina del jardín. Decepcionado, decidió olvidar lo ocurrido.

El tiempo pasó. El niño, ahora ya todo un hombre y con familia propia, regresó después de muchos años a su pueblo junto a su pequeño hijo, y decidió mostrarle el terreno que le traía tantas memorias de su abuelo. Al ir hasta la parte posterior, cuál sería su sorpresa al ver que, aunque ya no quedaba ni un vestigio del huerto de hortalizas, un imponente árbol había crecido en la esquina del jardín; exactamente en el lugar en el que él había plantado esas semillas.

Sus ramas albergaban a los pájaros, sus flores perfumaban el ambiente, y su sombra se proyectaba brindando alivio para el calor del verano. Aunque él no lo sabía, a lo largo de los años su labor había dado resultado. Y al acercarse al árbol, se dio cuenta de que en su tronco, su viejo abuelo había tallado las palabras: «Simplemente... espera».

Aunque tal vez no veas inmediatamente el fruto de tu labor, tarde o temprano todo esfuerzo produce un resultado, y quizás sea una dulce recompensa. Recuerda que las cosas que valen la pena requieren paciencia.

Dulce espera

Esa dulce espera de tierra sedienta
que busca con ansias absorberlo todo
que escudriña nubes en el horizonte
sin respuesta fija, sin saber el modo

Esa dulce espera de rara penumbra
de sombras escuetas, de noche cerrada
que intuye un naciente fulgor que deslumbra
que aguarda con ansias la luz de alborada

Esa dulce espera de semilla inerte
capullo dormido que sueña en silencio
guardando en su esencia toda su simiente
anhelando lluvia transformada en verso

Esa dulce espera prorrumpe en el vado
sobrecoge todo cual viento de otoño
fuerte cual el cauce de un mar desbocado
reposada y simple como un quieto arroyo

Esa dulce espera de alas reprimidas
de frío de invierno, de silla vacía,
con pasión intensa de levantar vuelo
de derretir nieves, de llenar los días

Esa dulce espera que emerge en la mente,
que todo lo aguanta, que todo rebasa
a veces resurge como hoguera ardiente
a veces es calma cual yaciente brasa

Esa dulce espera que trasciende el tiempo
que no encuentra un cómo, que no tiene un cuándo
que me impulsa a diario a esperar viviendo
aunque esté dispuesta a morir esperando.

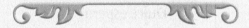

Capítulo 6

ELIGE

No te rindas, aún estás a tiempo de alcanzar y comenzar de nuevo,
Aceptar tus sombras, enterrar tus miedos, liberar el lastre, retomar el
vuelo.
No te rindas que la vida es eso, continuar el viaje, perseguir tus
sueños...

—MARIO BENEDETTI

EN ESTA ÉPOCA EN LA QUE CASI TODA LA COMUNICACIÓN ESCRITA
se hace a través de teclados y medios electrónicos, es bueno saber que anual-
mente más de doscientos mil niños de todas las ciudades de Estados Unidos
participan en el Certamen Nacional de Caligrafía. Esta competencia es una
tradición que por décadas promueve la importancia de la comunicación efectiva
a través de la escritura a mano.[1]

Hace un par de años, el ganador fue Nicolás, un niño de una pequeña ciudad
de dos mil habitantes, quien demostró su talento escribiendo artísticamente varias
letras y palabras. Pero lo que hace su historia digna de destacarse no es que este
niño de nueve años haya superado a miles de otros de todo el país, sino que «Nico»,
quien ganó el primer lugar en este certamen de caligrafía... nació sin manos.

Su extraordinario esfuerzo y dedicación, además de las ingeniosas maneras de
sostener el lápiz para lograr asombrosos resultados, impresionaron tanto a los
miembros de esta organización que decidieron crear una categoría especial para

niños discapacitados, y la nombraron en su honor. Desde entonces gracias a él, niños que de otra manera tal vez no podrían competir en un certamen como este, participan para ganar el «Premio especial Nicolás Maxim por excelencia en caligrafía».[2]

Cuando vi esta historia en las noticias, pensé inmediatamente en alguien a quien conocí hace un tiempo: Shirly Howard, una dulce joven colombiana, quien vive en la bella Cartagena que la vio nacer.

Sin brazos, sin límites

Cuando Shirly aún estaba en el proceso de gestación, un fuerte medicamento que le prescribieron a su madre tuvo devastadores efectos en el cuerpecito que se estaba formando en sus entrañas. La bebita nació con una discapacidad congénita llamada «focomelia»; una rara condición en la que las extremidades no se desarrollan apropiadamente y que contribuye a la malformación de órganos y otras complicaciones internas.[3]

Pero esta linda niña no permitió que su discapacidad fuera una limitación en su vida. Desde muy pequeña sorprendió a doctores, maestros y familiares con su insaciable persistencia en intentar lo que otros niños de su edad podían hacer sin dificultad.

Shirly eligió no rendirse ante sus circunstancias.

«Contrario a lo que la gente se imagina, mi niñez fue divertida, alegre, traviesa e inocente, acompañada de un poco de imprudencia», me contó un día, con algo de picardía. «Al tener brazos pequeños, al principio me las ingeniaba como podía para sostener mi biberón, comer o jugar con muñecas».

> La bebita nació con una discapacidad congénita llamada «focomelia»; una rara condición en la que las extremidades no se desarrollan apropiadamente.

Pronto se dio cuenta de que —al carecer de brazos— podía usar sus pies como herramienta, y continuó perfeccionando su utilidad y destreza. «Todos veían con curiosidad y admiración cómo mis pies se desenvolvían como si fueran mis manos», recuerda Shirly. Y añade con una sonrisa: «Era delicioso sentarse en el suelo y hacer algo que en un principio creía que no estaba a mi alcance. Saber que podía hacer varias cosas múltiples y descubrir algo nuevo en mí me dio seguridad y aunque fallé muchas veces, siempre me sentía satisfecha por haberlo intentado».

Uno de esos días Shirly encontró un cuaderno y un lápiz e inmediatamente trató de utilizarlos. Así recuerda aquella su primera experiencia: «Tomé el lápiz con el dedo pulgar de mi pie, y con la ayuda del dedo índice lo coloqué en el espacio entre ambos. Con el otro pie pasaba las hojas de mi cuaderno, que ya después de unos días estaba arrugado y lleno de líneas desordenadas». Después de meses de práctica diaria, aprendió a dibujar, a colorear y a tener más destreza con el lápiz en sus pies. Hasta que finalmente logró trazar su primera palabra: «Escribí cuatro letras que forman la palabra más linda de este mundo: m-a-m-á», me dijo. «Ese fue mi primer gran triunfo».

Pero pese a su optimismo y dedicación, las cosas no fueron sencillas. Durante años Shirly tuvo que someterse a varias operaciones y complicados procedimientos médicos para corregir problemas en la espalda, piernas y caderas. Pese a que aprendió de niña a caminar con dificultad, la mayor parte del tiempo está confinada a una silla de ruedas.

Además de las obvias desventajas físicas, a medida que crecía tuvo que lidiar con los retos emocionales. No es fácil mantener siempre la sonrisa en los labios al verse diferente a sus compañeros de escuela, o al escuchar a uno que otro niño diciendo en voz alta: «¡Mira, esa niña no tiene brazos!». Durante los años difíciles de su adolescencia, Shirly muchas veces se preguntó por qué le había ocurrido eso a ella. «No fue fácil», recuerda. «Lloré mucho en las noches de mi adolescencia. Mi único consuelo era el amor y apoyo de las personas que me querían y que me lo expresaban de diversas maneras».

Esas noches de tristeza pasaron al fin, dando como resultado una madurez no propia de sus años, como lo expresan estas sus palabras: «Llegó el momento en el que me di cuenta de que todo tiene un propósito. Dios permitió que naciera así, y sé que Él me ama y me acepta tal como soy. En Él encontré la fuerza para nunca rendirme, y gracias al apoyo y sacrificio de mi mamá logré salir adelante, graduarme y terminar mis estudios».

Ahora, Shirly dedica su tiempo a enseñar, como maestra de un grupo de niños en una institución local. Se convirtió en una mujer linda, inteligente y segura de sí misma. Su dulce sonrisa y constante dedicación son un ejemplo para quienes la rodean. Ella quiere además inspirar a otros con su vida; la última vez que hablamos,

> *Además de las obvias desventajas físicas, a medida que crecía tuvo que lidiar con los retos emocionales. No es fácil mantener siempre la sonrisa en los labios al verse diferente.*

me contó que se está preparando para compartir su historia y experiencias, dando conferencias en iglesias, escuelas e instituciones.

Su actitud, persistencia y dedicación son, sin duda, un ejemplo a seguir. Y cuando escribe algo en su blog o comparte su historia, siempre incluye la frase que la ayudó en sus momentos difíciles: «Esfuérzate y sé valiente. ¡Nunca te rindas!».[4]

Contentos pero no conformes

Podemos aprender mucho de esta joven. Shirly decidió agradecer a Dios por lo que tiene, pero no dejar de luchar contra viento y marea por superarse y alcanzar sus objetivos. En otras palabras, eligió estar contenta con su vida, pero no conforme con sus circunstancias. Basada en su ejemplo, quiero hablarte de un concepto que aprendí hace unos años y que se conoce como «Principio del contentamiento». Este concepto fue hecho popular por mi buen amigo Andrés Panasiuk, fundador del Instituto para la Cultura Financiera, y forma parte de varios de sus libros y enseñanzas.

Precisamente hace un tiempo tuve el gusto de colaborar con él en el libro *Diez leyes irrefutables para la destrucción y restauración económica*, una novela histórica situada hace varios siglos en un lejano país del medio oriente, pero que contiene principios que se pueden aplicar también en nuestra época. No solo participé en la edición de la obra, sino que se me ocurrió insertar en la trama algunos personajes y situaciones que añadieron un poco de romance y suspenso... Creo que de vez en cuando hace falta un toque femenino para hablar de un tema tan árido como el de las finanzas.

> La persona que se conforma se resigna a sus circunstancias y deja que estas moldeen sus pensamientos, emociones, decisiones y futuro.

Luego de su exitoso lanzamiento, pude viajar con un excelente equipo a varios países dando conferencias sobre este tema, y también como parte del grupo central del congreso internacional «La mujer que prospera». Además de las experiencias vividas y las amistades forjadas, las miles de vidas transformadas por estas enseñanzas fueron y son mi mejor recompensa.

El principio del contentamiento, o de la satisfacción personal, dice simplemente que «debemos aprender a estar contentos y a disfrutar de la vida sin importar el lugar en el que en este momento nos encontremos en la escala social o económica».[5]

Como te darás cuenta, este concepto es utilizado para hablar de finanzas, pero creo que se puede aplicar también en varias áreas de nuestra vida. Como vimos en el caso de Shirly y de muchas de las otras historias que narro en *Apasionante*, estar contento con tu situación no significa que debes tener una actitud conformista respecto de ella.

La persona que se conforma se resigna a sus circunstancias y deja que estas moldeen sus pensamientos, emociones, decisiones y futuro. Es como ponerte un zapato pequeño que te lastima, pero lo sigues usando aunque te cause dolor o produzca ampollas y no haces nada por cambiarlo. Es como decir «ni modo, así es mi vida. No me queda más que aceptarla y sufrir en el camino». Es resignarte a existir, en vez de decidirte a vivir en plenitud.

El contentamiento es una actitud hacia la vida. Es aceptar nuestras circunstancias pero luchar por mejorarlas. Es tratar de conseguir zapatos nuevos, o abrir un hoyo en los viejos. Es estar agradecidos por lo que somos y por lo que tenemos, pero trabajar constantemente para superarnos y alcanzar nuestras metas e ideales. Es elegir aprender de nuestros errores e inspirar con nuestro ejemplo. Es decidir ser una persona apasionante.

La próxima vez que las cosas parezcan difíciles y te sientas tentado a dejarte llevar por emociones negativas, recuerda este principio. Debes tener un profundo compromiso de hacer las cosas con excelencia y de avanzar en la vida, pero al mismo tiempo, aprender a disfrutar con intensidad el lugar en el cual te encuentras hoy.

> *Debes tener un profundo compromiso de hacer las cosas con excelencia y de avanzar en la vida, pero al mismo tiempo, aprender a disfrutar con intensidad el lugar en el cual te encuentras hoy.*

Elige no conformarte y, como lo hizo Shirly, esfuérzate y sé valiente. ¡Nunca te rindas!

Capítulo 7

EMPIEZA

No necesitas mucho para cambiar el mundo entero en un lugar mejor.
Puedes empezar con las cosas más ordinarias.
Puedes empezar con el mundo que tienes.

—DE LA PELÍCULA *Pay It Forward*

ESCUCHÉ ALGUNA VEZ QUE «MEJOR ES DAR QUE RECIBIR» ES EL dicho favorito de los boxeadores. Simpática y acertada calificación aunque, obviamente, ese principio no fue escrito con este fin en mente, sino para expresar la satisfacción que uno siente cuando hace algo positivo por los demás. Es cierto que a todos nos gusta recibir algo; es parte de la naturaleza humana, pero creo que pocas cosas son más reconfortantes que brindar ayuda desinteresada. Esta es ciertamente una realidad que tú mismo puedes comprobar.

Hace unos años escuché de una organización que se dedica precisamente a promover este tipo de actitud.[1] Se llama Random Acts of Kindness, expresión que se puede traducir de varias maneras al español. Cuando pregunté a mis amigos bilingües cuál sería la frase que describiría mejor este concepto, se armó un interesante debate en mi página de Facebook y recibí decenas de respuestas. Entre ellas:

- Actos espontáneos de bondad
- Actos de bondad al azar

- Acciones casuales de caridad
- Actos esporádicos de compasión
- Acciones inesperadas de amabilidad
- Actos desinteresados de benignidad

La lista de respuestas es aun más larga, pero creo que todas explican la esencia de este concepto: hacer algo bueno o amable por otra persona, de una manera espontánea y sin esperar nada a cambio. En palabras populares: «Haz el bien sin mirar a quién».

Hace unos días observé cómo una persona entró delante de otra a un edificio y dejó que la puerta se cerrara en sus narices, aunque la vio llevando varios paquetes en las manos. ¿Cuántas veces la falta de consideración o la ruda reacción de alguien te han arruinado el resto del día? Por otro lado, un simple acto amable puede ayudarnos a bajar el estrés y afrontar los retos en nuestra jornada con mejor ánimo.

Estudios médicos han comprobado que el ser amables y bondadosos tiene beneficios no solo emocionales sino también físicos. Según los expertos, ser bondadoso regulariza la presión, ayuda a una mejor circulación sanguínea, produce estabilidad química en el cerebro, disminuye inflamaciones, y contrarresta radicales libres, haciendo que el proceso de envejecimiento sea más lento.[2] ¿Te diste cuenta de que, muchas veces, aquellas personas que están siempre con una sonrisa y dispuestas a ayudar parecen más jóvenes de lo que realmente son, y quienes tienen una mala actitud y viven con el ceño fruncido aparentan tener más años que su edad real? Tal vez esta sea una de las razones.

> ¿Te diste cuenta de que, muchas veces, aquellas personas que están siempre con una sonrisa y dispuestas a ayudar parecen más jóvenes de lo que realmente son?

¿Crees que este mundo necesita más amabilidad? Entonces —como dice una de mis frases favoritas— sé tú el cambio que quieres ver en este mundo. Empieza tú, y deja que otros te sigan y aprendan de tu ejemplo. Una persona apasionante no espera que otros allanen el camino; ella misma abre la brecha.

Tengo entonces un reto para ti: que te comprometas contigo mismo a practicar cada día un «acto de amabilidad al azar». Me refiero a encontrar alguna manera en la que puedas hacer que la vida de alguien sea un poquito más fácil o más feliz. Y si no se lo dices a nadie, verás que la satisfacción es doble.

Todo esfuerzo cuenta, ya sean cosas simples, como:

- ceder tu asiento en el bus,
- dejar limpia el área de trabajo que otros van a utilizar,
- dejar que alguien vaya delante de ti en la línea de espera,
- sostener la puerta para que pase alguien más,
- poner monedas extra en un parquímetro,
- recoger la basura que alguien tiró en el camino.

O algunas que requieren un poco más de tiempo o dedicación, como:

- donar tu tiempo como voluntario en alguna organización de ayuda social,
- visitar a personas en el hospital,
- comprarle algo de comer a alguien que viva en la calle,
- limpiar la casa o cocinar para un amigo enfermo,
- dar un regalito sin que sea una fecha especial,
- ofrecer cuidar los niños de una amiga.

> Una persona apasionante no espera que otros allanen el camino; ella misma abre la brecha.
>
>

Estoy segura de que tú puedes descubrir otras muchas ideas. ¡Inténtalo!

Ten en cuenta que en algunas ocasiones tal vez no puedas ver el efecto de tus actos; por eso la clave está en recordar que es ayuda *desinteresada*. En otras, las reacciones y la gratitud van a ser tu mejor recompensa.

Quiero contarte algunos casos reales que estoy segura te van a servir de inspiración.

¡Pasa el favor!

Inspirada en una historia que vio en la televisión, Rocío Martínez decidió que de vez en cuando pagaría la orden del automóvil que estuviera detrás del suyo en algún restaurante de comida rápida. Así lo ha hecho y hasta ahora no le ha costado más que un par de dólares extra al mes; sin embargo, las reacciones han sido invaluables, tanto de las personas que reciben el inesperado regalo como de los empleados que no entienden por qué alguien haría algo así por un desconocido. Imagínate cómo te sentirías tú si, cuando te aproximas a pagar, el cajero te dice: «Su orden ya ha sido pagada por la persona que estaba delante de usted en la línea».

Lo que me gusta más es que ella quiere inspirar a otros a hacer lo mismo, y siempre que puede, deja una notita que dice: «¡Pasa el favor!». Cuando Rocío me contó lo que hace, le dije, bromeando, que un día de estos la iba a seguir en mi auto sin que me viera y que ordenaría un banquete para toda mi familia. Por supuesto que no lo voy a hacer.

Lo mejor está por venir

Edna e Imelda Rodríguez, un equipo formado por una madre y su hija, trabajan incansablemente para hacer algo por otros a través de capacitaciones, programas de ayuda y eventos especiales. Hace un tiempo organizaron un congreso en Chicago al que me invitaron para que fuera la conferencista principal. El propósito de la actividad era recaudar fondos para una organización que da albergue y refugio a mujeres y niños que están atravesando por alguna crisis o que han sido víctimas de violencia doméstica.

Continuamente y de forma desinteresada, estas dos queridas damas dan de su tiempo y esfuerzo para despertar conciencia sobre la importancia de superarse y ayudar al prójimo. Para difundir su misión, fundaron una iniciativa llamada «Innovación Vida: lo mejor está por venir», en la que cada vez más personas se involucran. Y gracias a su dedicación, han logrado tener su propio programa de radio y alcanzar así a miles con su mensaje.

Transformación de belleza

Alex López es un estilista profesional, dueño de una serie de salones y escuelas de belleza y quien se encarga de mi imagen. En Chicago se lo conoce como «El estilista de las estrellas»; tiene su propio espacio en varios programas y publicaciones y sale al aire en una conocida cadena de televisión. Siempre con una sonrisa, Alex trabaja constantemente con grandes figuras del mundo del espectáculo y en certámenes tan importantes como el de Miss Universo. Pero pese a haber alcanzado un alto nivel en su profesión, siempre encuentra una forma de hacer algo por los demás y colaborar con diversas organizaciones sin fines de lucro.

Por ejemplo, pude ver cómo llevó una sonrisa a las caritas de un grupo de niñas que sufrían de diversas enfermedades, cuando organizó un evento especial donde el lugar estaba decorado como un castillo. Alex y su equipo les arreglaron el cabello, sacaron fotografías, y las hicieron sentir como verdaderas princesas.

En varias otras ocasiones donó su tiempo y talento para dar un «makeover» a mujeres que de otra manera no habrían podido pagar por sus servicios. Una de ellas contó que gracias a ese simple cambio exterior se sintió mucho más segura de sí misma en una entrevista de trabajo... ¡y consiguió el empleo! La expresión en los rostros de esas niñas y mujeres después de verse en el espejo es memorable, y aunque solo es un cambio temporal, les alegra el corazón y eleva el espíritu. Una verdadera transformación de belleza....

Misión posible

Después de comprobar en su propia vida que el cambio sí es posible y que todos tenemos derecho a una segunda oportunidad, Gary Baer inició un programa de servicio para alcanzar a su comunidad. Dejó un pasado de adicciones y ahora, junto a su esposa, Linda, trabajan incesantemente para tratar de suplir las necesidades físicas, emocionales y espirituales de aquellas personas que están pasando por momentos difíciles y que necesitan ayuda y esperanza.

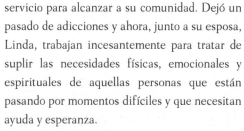

Empezar una obra de amor y servicio e involucrar a otros para transformar una comunidad, no es una misión imposible.

Con sus propios recursos y la colaboración de voluntarios y amigos, abrieron un centro de ayuda social llamado «Misión Posible» donde ofrecen gratuitamente servicios médicos, talleres, consejería, y apoyo espiritual. Mi esposo —que colabora con ellos— me contó lo gratificante que es ver cómo muchas de las personas que han recibido ayuda regresan para ofrecer su tiempo como voluntarios. Con su trabajo y entrega, esta pareja demuestra día a día que empezar una obra de amor y servicio e involucrar a otros para transformar una comunidad, no es una misión imposible.

Sorpresa invernal

En el área donde vivo, casi todos los inviernos tenemos fuertes tormentas que dejan una gran acumulación de nieve. Cuando finalmente pasan, viene la faena de quitar la nieve de calles, entradas a las viviendas y garajes. Es común ver a los vecinos trabajando arduamente para lograrlo. Frente a mi casa viven dos personas de edad avanzada. Son una linda pareja de ancianos. Una mañana en la que la nieve estaba particularmente alta, mi esposo y otros vecinos se pusieron de acuerdo para quitarla de enfrente de su casa. Trabajaron con tanto entusiasmo que hasta yo misma decidí ayudar, de modo que me puse abrigo, botas y guantes y me integré al grupo. Trabajamos lo más rápido que pudimos de modo que fuera una sorpresa para ellos cuando se asomaran. La cara de asombro que pusieron al abrir la puerta y ver todo completamente limpio de nieve y hielo fue la mejor recompensa que pudimos tener, mejor aun que las ricas galletas que nos regalaron al día siguiente.

Desde entonces, es común en mi cuadra ver a vecinos ocupándose de la propiedad de otros, porque saben que cuando ellos mismos necesiten una mano, podrán contar con ella.

Ese día empezamos en nuestro barrio la tradición de «hoy por ti, mañana por mí».

Estas historias son solo algunos ejemplos de casos que he podido comprobar personalmente, y que han marcado el inicio de una cadena de eventos con un resultado que llena el corazón de gratitud y satisfacción, tanto de quien da como de quien recibe. Si alguien no hubiera tomado la iniciativa, ninguna de esas historias habría sido posible.

> Decide actuar con amabilidad y cortesía, alégrale el día a alguien, y cosecha en tu propia vida las recompensas de dar sin esperar recibir. Ser amable cuesta poco y vale mucho.

Quiero alentarte a que veas en qué manera puedes ser útil a otros. Podrías empezar tú mismo con algún proyecto, o involucrarte en alguna organización de bien social. Existen cientos de opciones y niveles de compromiso. Sea como fuere, decide actuar con amabilidad y cortesía, alégrale el día a alguien, y cosecha en tu propia vida las recompensas de dar sin esperar recibir. Ser amable cuesta poco y vale mucho.

¿Recuerdas a Rocío? Hace unos días me llamó emocionada para contarme que, cuando se acercó a pagar su orden en el restaurante de comida rápida, el empleado del lugar le dijo: «Su orden ya ha sido pagada por la persona que estaba delante de usted».

Capítulo 8

ENDULZA

Allí donde esté tu tesoro estará también tu corazón.

—LA BIBLIA

Un tesoro salado

Las leyendas de piratas han cautivado la imaginación de millones de personas a lo largo de los siglos mediante libros, relatos, juegos y películas. Nuestros abuelos hablaban del inmortal clásico *La isla del tesoro*, y la generación de nuestros hijos, de *Los piratas del Caribe*. En mi caso, recuerdo con una sonrisa al «Pirata Mala Pata», uno de los divertidos personajes del genial ilustrador argentino-español Manuel García Ferré.

Un elemento infaltable en cualquiera buena historia de piratas es sin duda la búsqueda de un tesoro. En la historia de García Ferré, el tesoro que atrajo la atención del bucanero era poco común: las lágrimas saladas de una sirenita, que se habían transformado en valiosas perlas que yacían en el fondo del mar.

En la vida real sabemos que esto no podría ser posible, no solo porque las sirenas no existen, sino porque la sal es disuelta por el agua. Pero eso no fue previsto por un grupo de malhechores en el mediterráneo quienes, después de asaltar y robar una caravana de ricos mercaderes, decidieron esconder los pesados cofres y barriles en una caverna que estaba cerca del mar. Al retornar al cabo de unas semanas, descubrieron con horror que cofres y barriles ¡estaban vacíos!

¿Cómo pudo haber ocurrido algo así?, se preguntaban. Claramente nadie había entrado a la caverna. Nadie, excepto el agua. Al subir la marea, los cofres y barriles habían permitido que poco a poco el agua se llevara su precioso cargo... ¡porque estaban llenos de sal! Los ladrones no habían tomado en cuenta que, en ese entonces, se utilizaba la sal como moneda de intercambio para la compraventa de mercancía y como dinero para pagar por trabajos realizados.[1] De ahí, precisamente, el término «salario». Sus sueños de fortuna se habían literalmente disuelto.

> Una de las características de una persona apasionante es tratar de endulzar la vida de quienes la rodean, transmitiendo un gozo genuino y trayendo alegría al corazón.

Quizás te preguntes por qué estoy hablando de sal cuando el título de este capítulo es Endulza. ¿No se debería, por lo tanto, hablar de azúcar?

Porque tanto el azúcar como la sal cambian el sabor de las cosas.

La desaparecida cantante cubana Celia Cruz popularizó la expresión «¡azúca!» con la que amenizaba sus canciones. Este término se convirtió en un sinónimo de gozo y alegría. Una de las características de una persona apasionante es tratar de endulzar la vida de quienes la rodean, transmitiendo un gozo genuino y trayendo alegría al corazón.

Entre títeres y marionetas

Un documental que vi hace unos meses narraba la vida de Kevin, un niño que creció en un barrio pobre de una pequeña ciudad de Estados Unidos. Mientras muchos de sus amigos se involucraban en drogas y pandillas, él prefería escapar de su difícil realidad a través de la magia de los programas que veía en el pequeño televisor en blanco y negro de la sala de su casa.

Lo que más atrapaba su atención eran los títeres y las marionetas. Programas como «Los Muppets», «Plaza Sésamo» y otros similares, con simpáticos muñecos a los que artistas creativos dotaban de vida, cautivaron su imaginación y lo inspiraron a crear sus propios personajes.

Después de fabricar varios títeres con cualquier material barato que podía encontrar, puso en escena espectáculos improvisados para su familia y los niños del vecindario. Sin embargo, por mucho que se esforzaba, sus muñecos no se veían igual a los de sus programas favoritos... Un calcetín viejo no era el mejor material para un buen títere. Hasta que un día, se dio cuenta de algo interesante: el interior del abrigo de su papá, el único abrigo que poseía, estaba hecho de un material suave y afelpado, muy similar al de los muñecos que veía en la televisión.

Las tijeras cobraron vida y Kevin dedicó horas a crear su más preciado personaje: un oso sonriente. Sin duda, uno de los títeres más creativos que un niño de doce años podía haber hecho. Una vez terminado, lo colocó cual si fuese un trofeo en la mesa central de la sala para que el oso fuera lo primero que su padre viera al regresar a casa.

> Esas simples palabras y la sabia reacción de su padre, fueron el combustible que le dio fuerzas para desarrollar sus habilidades y seguir adelante.
>
>

Mientras lo contemplaba orgulloso, súbitamente se dio cuenta de lo que había hecho: en su emoción, no había tomado en cuenta que tal vez a su papá no le resultaría divertido ver que su único abrigo se había transformado en un oso de peluche. Su expectativa se transformó en temor, y al escuchar los pasos que anunciaban la llegada de alguien a la casa, corrió a esconderse.

Unos segundos después, la fuerte voz que exigía su inmediata presencia fue lo que lo obligó a salir de su escondite. Se acercó con la cabeza baja a su padre, quien sostenía en una mano el abrigo recortado y en la otra el nuevo títere. El niño se preparó para recibir un castigo y una severa reprimenda.

«¿Eres tú quien hizo esto?».

Kevin no respondió; solo asintió tímidamente con la cabeza.

Entonces, su padre simplemente replicó:

«Hijo, muy buen trabajo, ¡este oso está increíble! Tienes mucho talento. Pero la próxima vez que necesites algo, primero pide permiso».

Esas simples palabras y la sabia reacción de su padre, fueron el combustible que le dio fuerzas para desarrollar sus habilidades y seguir adelante. Años más tarde, el sueño de ese muchachito tímido de familia humilde criado en un barrio pobre, se convirtió en realidad: llegó a formar parte del equipo central de los programas de televisión que en su niñez admiraba desde su sala. Ahora, dedica su talento a endulzar la vida de grandes y chicos y traer diariamente una sonrisa.

La próxima vez que estés a punto de reaccionar negativamente ante alguna tontería que hagan tus hijos, tus amigos, tus familiares o tus compañeros de trabajo, recuerda esta historia, especialmente si estás en una posición de liderazgo. Tus reacciones tienen el poder de construir o destruir. Tú también puedes ser el «¡azúca!» y endulzarles la vida a los demás. Ese es un tesoro que la marea no se puede llevar.

Creo que hay momentos en los que es necesario hacer una pausa, ser introspectivos, y redescubrir algún dulce tesoro que tal vez se encuentre escondido en el fondo del mar de nuestra alma.

Tesoro

Me sumerjo en los confines escondidos en penumbras
en parajes solitarios incrustados de coral
insondables arrecifes se proyectan insensibles
ignorada travesía que me invita a continuar

No hay senderos demarcados, no hay caminos definidos
solamente una amalgama de diversa intensidad
de memorias y añoranzas, de deseos reprimidos
de alegrías y nostalgias... mi profunda humanidad

De repente una luz fresca ilumina aquel sendero
y me guía hasta adentrarme más profundo en ese mar
poco a poco y sin quererlo va envolviendo por completo
mi presente, mi recuerdo, mi ilusión y mi cantar

Voy siguiendo aquel destello que cautiva mi silencio
extasiada por su encanto que confunde la razón
y de pronto al fin encuentro, solitaria e impasible
una perla que encandila mi sediento corazón

La contemplo embelesada, la levanto suavemente
y mientras me endulza el alma ya comienzo a comprender
que ese tesoro escondido, insondable y subyacente
nunca se había perdido... estaba siempre en mi ser

Y otra vez me siento viva, y me embriaga su hermosura
y te invito a sumergirte poco a poco en su fulgor
Y mirándote a los ojos te la entrego con ternura
¿... y por qué? Tú me preguntas. Simplemente por amor.

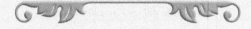

Capítulo 9

ERRADICA

No te enojes por no lograr que otros sean como tú quieres, ya que ni tú mismo puedes ser como quisieras ser.

—THOMAS À KEMPIS

Aferrarse al enojo es como agarrar un carbón caliente con la intención de tirarlo a otra persona. Uno mismo es el que se quema.

—BUDA

Pájaros furiosos

Si hace algunos años te hubiera dicho que un grupo de pájaros enojados serían lanzados al aire con una honda para atacar a cerdos verdes y destruir sus guaridas, seguramente habrías pensado que algo me estaba fallando en la cabeza. Pero eso es precisamente lo que hacen los pájaros del popular juego «Angry Birds» o «Pájaros furiosos». Ya sea en aeropuertos, tiendas o salas de espera, es difícil no encontrar a alguien que no esté tratando de destruir a los malvados cerdos. Es más, tal vez tú mismo lo hayas hecho más de una vez en tu teléfono o computadora. En cuanto a mí, confieso que soy culpable.

Este juego, simple pero adictivo, se ha convertido en uno de los más populares en la historia de los videojuegos y aplicaciones celulares, con millones de descargas anuales que continúan incrementando. Gracias al innovador ingeniero

Jaakko Iisalo, la compañía que permitió su creación está evaluada en más de un billón de dólares.[1]

Uno puede reír al ver a estos animalitos enojarse y protestar porque no lograron su objetivo. Total, apagando el teléfono, la tableta o la computadora todo se tranquiliza y vuelve a la normalidad. Pero cuando vemos a seres humanos adultos reaccionar de esa manera, la cosa cambia. En estos casos, no se puede simplemente presionar un botón y apagar la escena.

Se cuenta que en 1970, el joven pianista estadounidense Myron Cropp dio un concierto en uno de los hoteles más importantes de la capital de Tailandia. A los pocos minutos de empezar a tocar se percató de que una de las teclas del piano estaba trabada. Trató de ignorar el inconveniente y siguió con su presentación, solo para ver consternado que otras dos teclas presentaban el mismo problema, haciendo que su interpretación sonara casi como la de un novato. Para tratar de que las teclas se soltaran, el músico empezó a darles golpecitos con el pie a una de las patas del piano, lo que resultó que el instrumento perdiera el balance y se inclinara hacia un lado.

> Cuando vemos a seres humanos adultos reaccionar de esa manera, la cosa cambia. En estos casos, no se puede simplemente presionar un botón y apagar la escena.

Al darse cuenta de la frustración de Cropp, el público y algunos miembros de la orquesta se empezaron a reír suavemente, pero esas risas se convirtieron en carcajadas cuando el joven terminó sentado en el suelo, porque el asiento estaba mal ajustado.

Completamente frustrado, Myron salió del escenario. A los pocos minutos retornó con un hacha en la mano y convirtió el piano en una montaña de pedazos de madera. Me imagino que las personas que fueron a este evento no esperaban presenciar un espectáculo como este, que se podría comparar nada menos que con un niño tirando un «berrinche» o «pataleta», pero llevado a proporciones extremas.

La realidad es que, sin importar la edad, existe mucha gente que no sabe controlar su furia. Lo vemos en las noticias, en vídeos de Internet, en las calles, en tiendas y oficinas. Parecería que el mundo está plagado de niños de treinta años o más que no saben controlarse cuando las cosas no les salen bien.

Existen evidencias convincentes que demuestran que la falta de autocontrol determina un futuro poco prometedor. Según expertos, los resultados no podrían ser más claros: el autocontrol es una cualidad vital para alcanzar éxito en la vida.[2]

Nidos en tu cabello

Aunque obviamente no estaba refiriéndose a esas aves furiosas que mencioné antes, el gran reformador Martín Lutero dijo alguna vez que no podía evitar que aves revolotearan sobre su cabeza, pero sí podía impedirles que construyeran un nido en su cabello. Esta frase es generalmente utilizada para hablar de las tentaciones, pero creo que podría también ser fácilmente aplicada a la ira o al enojo.

No podemos hacer nada para controlar las circunstancias que nos rodean o los «pájaros furiosos» que nos echa encima la vida. Pero sí podemos —y debemos— controlar cómo reaccionamos ante estas situaciones.

Quisiera invitarte a que reflexiones y te preguntes a ti mismo:

¿Qué es lo que me hace enojar?

¿Qué provoca que pierda el control?

¿Es esta situación realmente tan importante como para que me afecte tanto?

¿Vale la pena que reaccione de esta forma?

Una de las maneras que podrías determinar si el problema por el que estás enojado realmente vale la pena, es simplemente preguntarte:

«¿Va esto a importar de aquí a un año?».

Generalmente, la respuesta es no. No te imaginas la cantidad de veces que esa simple frase hizo que mi nivel de frustración se redujera inmediatamente al poner las cosas en perspectiva. Inténtalo, ¡verás que funciona!

Existen muchas otras técnicas para calmar el enojo que seguramente escuchaste docenas de veces: cuenta hasta diez —¡o hasta cien!— aléjate de la situación o de la persona que te hizo enojar, respira profundo, sal a dar un paseo... y la lista continúa. Pero estas son simplemente soluciones momentáneas. Es como ponerte una curita en la piel cuando lo que deberías hacer es someterte a una operación.

Necesitas lidiar con el problema de adentro hacia fuera; se requiere un cambio interior. Empieza a meditar en aquellas áreas de tu corazón que necesitan ser transformadas, y toma en

> *No podemos hacer nada para controlar las circunstancias que nos rodean o los «pájaros furiosos» que nos echa encima la vida. Pero sí podemos —y debemos— controlar cómo reaccionamos ante estas situaciones.*

> Es como ponerte una curita en la piel cuando lo que deberías hacer es someterte a una operación. Necesitas lidiar con el problema de adentro hacia fuera; se requiere un cambio interior.
>
>

cuenta lo siguiente: muchas veces, el enojo está íntimamente ligado a la falta de perdón. Hablo de este importante tema en el capítulo titulado «Enmienda». Y, al contrario de los «pájaros furiosos», no dejes que algo tan tonto como unos cerditos verdes te haga perder el control.

Capítulo 10

EVOLUCIONA

Todos nos deleitamos en la belleza de la mariposa, pero rara vez pensamos en los cambios que ha sufrido para lograr esa belleza.

—MAYA ANGELOU

ESCUCHÉ HACE AÑOS UNA FRASE QUE SE ME GRABÓ EN LA MEMORIA: «A veces, las cosas buenas pueden convertirse en enemigas de las cosas excelentes». Es fácil acostumbramos a nuestra rutina. Total, las cosas van bien; tal vez podrían estar mejor, pero no están tan mal. Y nos quedamos amodorrados en esa proverbial «zona de confort».

Hasta que llega el cambio.

Previsto o inesperado, sutil o intempestivo, pero al fin, ineludible. El cambio forma parte inevitable de la vida.

¿Cómo reaccionas ante el cambio? ¿Lo tomas como una amenaza? ¿Te dejas llevar por la frustración, el temor o la ansiedad? O lo ves como una oportunidad para analizar tus circunstancias, restablecer tus prioridades, descubrir nuevos horizontes, reinventarte a ti mismo, afianzar tus valores, o animarte a alcanzar aquello con lo que habías siempre soñado...

> Es en ese momento de tu vida donde debes decidir si ese cambio que enfrentas es la ocasión propicia para reescribir tu historia. La excusa perfecta para volver a empezar.

Es en ese momento de tu vida donde debes decidir si ese cambio que enfrentas es la ocasión propicia para reescribir tu historia. La excusa perfecta para volver a empezar.

Sin metamorfosis no hay transformación

Cambio es evolución. Es parte de la historia de la humanidad y, en ese contexto, la acepción más común de esa palabra es la teoría de la evolución biológica. Personalmente, yo creo que nuestra vida no es un simple accidente cósmico, sino que fuimos creados con un propósito. No puedo concebir que descendamos de un mono. Buscando, encontré algunos interesantes sinónimos y definiciones de la palabra evolución: «transformación, desarrollo, crecimiento, progreso, proceso». Y «cambio de conducta, de propósito o de actitud».[1]

Este es el tipo de evolución de la que quiero hablar contigo en este capítulo.

Si consideramos ejemplos del reino animal, ¿cuál es el primero que se te viene a la mente cuando hablamos de «transformación»? Sin duda es el de la increíble metamorfosis que experimenta una oruga hasta convertirse en una bella mariposa.

Cuando era adolescente, mi amiga Analía vivía bastante alejada del centro de la ciudad. Era siempre refrescante dejar atrás los edificios y el tráfico e ir a visitarla junto a un grupo de compañeras, para adentrarnos a explorar el bosque que estaba cerca de su casa. En cierta época del año, un día que caminábamos por un sendero nos dimos cuenta de que algo raro estaba ocurriendo en los troncos y hojas de algunos árboles. Al acercarnos, pudimos ver que se trataba de miles de orugas que se agolpaban y empujaban, tratando de ingerir la mayor cantidad de alimento posible antes de quedar atrapadas en su capullo. Yo no soy muy adepta a los insectos, así que preferí alejarme y dejarlas tranquilas, mientras que algunas de mis compañeras jugaban con ellas o se divertían viéndolas comer o persiguiéndome con una oruga en la mano.

Un par de semanas después retornamos de paseo al mismo bosque. Pero al adentrarnos en sus sendas, el lugar ya no era el mismo... ¡parecía que los árboles habían cobrado vida! Cientos de mariposas descansaban colgando de las ramas, extendiendo sus alas multicolores para permitir que el sol les diera fuerzas y pudieran alzar el vuelo. Es una imagen que por siempre quedará grabada en mi memoria. Una vívida demostración de la belleza de la creación, y un perfecto ejemplo de transformación total.

El ascensor mágico

Cuando se menciona el concepto «transformación», muchos creen que es suficiente un cambio exterior.

Me recuerda la historia de aquellos dos sencillos campesinos de un pequeño pueblito que llegan por primera vez a la gran ciudad. No cesan de admirarse por las luces, el movimiento, el ruido, y todo lo que caracteriza a una urbe moderna. Lo que más les llama la atención son los edificios; en su pueblo no existían estructuras tan altas. Intrigados, deciden entrar a uno de ellos y ver cómo es por dentro.

Una vez en el lobby principal, se detienen ante una puerta corrediza doble que se abre y se cierra automáticamente. ¡Nunca habían visto un ascensor! El artefacto está vacío y ninguno de los dos se anima a traspasar aquellas mágicas puertas que se abren y se cierran sin razón aparente. Están tan ensimismados en sus cavilaciones cuando ven a una señora, un poco pasada de peso, mal vestida y con cara de pocos amigos, que entra al elevador. Las puertas se cierran tras ella mientras los dos campesinos se quedan a la expectativa esperando ver qué ocurriría.

> Cuando se menciona el concepto «transformación», muchos creen que es suficiente un cambio exterior.

Al cabo de unos minutos ven que los números en la pared marcan la cuenta regresiva. Las puertas nuevamente se abren y... cuál sería su sorpresa al ver que quien sale del ascensor no es la señora a la que habían visto entrar ¡sino una joven rubia despampanante!

Entonces, uno le dice al otro: «Compadre, ¡vámonos inmediatamente al pueblo y traigamos a nuestras esposas!».

Si existiera un elevador que pudiera cambiar a alguien de semejante forma, creo que muchos de nosotros haríamos fila para entrar. Pero de la misma manera que nos preocupamos por nuestra apariencia exterior, es más importante aun cuidar la interior. Muchos de los principios en este libro están precisamente enfocados en esa dirección. Recuerda que los años pasan, pesan y pisan, y que tarde o temprano nuestra piel no va a estar tersa o nuestro cabello libre de canas; sin embargo, el ornato de un espíritu sabio y apacible es de gran estima, y aunque nunca es tarde para empezar, los buenos hábitos adquiridos a temprana edad se convertirán en la mejor compañía por el resto de nuestras vidas.

«Antes» y «después»

Son incontables los programas de televisión que alguna vez mostraron el «antes» y el «después» de personas que no se sentían contentas con su apariencia. Estoy segura de que viste alguna vez algo como esto: después de horas de someterse a un proceso que incluye corte de cabello, cambio de color, maquillaje profesional y un nuevo guardarropa, la persona emerge ante las cámaras feliz y sonriente, orgullosa de su nuevo «look». También son comunes las fotografías que muestran a modelos o actrices, con y sin maquillaje. La diferencia es sin duda notable.

> Los buenos hábitos adquiridos a temprana edad se convertirán en la mejor compañía por el resto de nuestras vidas.

De manera similar, existen programas o competencias en los que los participantes se comprometen a bajar cientos de libras de sobrepeso con la ayuda de un entrenador profesional y un grupo de apoyo. En este caso no estamos hablando de un par de horas, sino de largos días, meses y hasta años en los que diariamente la persona debe desafiar sus limitaciones, sobreponerse a sus miedos, reconocer sus debilidades, cambiar sus hábitos, controlar sus impulsos y poner todo de su parte sin desmayar para lograr su objetivo. El resultado es tan drástico que cuando se exhibe el «antes» y el «después», resulta casi imposible creer que las dos imágenes pertenecen a la misma persona.

El resultado de ambos ejemplos es similar: nos muestra una transformación después de un proceso de evolución. Pero en el primero, el cambio es meramente temporal; cuando la persona regrese a casa, se quite el maquillaje, cambie la vestimenta fina por su ropa regular y se lave el cabello, se va a ver igual que antes... ¡y tal vez peor porque no sabe cómo lidiar con el nuevo corte que le hicieron! ¿Te has preguntado por qué este es un cambio temporal? Porque esta persona no tuvo que poner casi nada de su parte para recibir esa «transformación»; otros lo hicieron todo por ella, lo que demuestra que es cierto ese refrán que dice: «lo que fácil viene, fácil se va».

> Diariamente la persona debe desafiar sus limitaciones, sobreponerse a sus miedos, reconocer sus debilidades, cambiar sus hábitos, controlar sus impulsos y poner todo de su parte sin desmayar para lograr su objetivo.

En el segundo caso, el participante tuvo que pasar por un proceso. Es cierto que recibió ayuda y apoyo de profesionales, familia y amigos, pero finalmente la decisión era exclusivamente suya. Él tenía que decidir levantarse cada mañana a correr, ir al gimnasio, terminar su rutina de ejercicios, resistir la tentación de darse por vencido y reemplazar una hamburguesa doble con papitas por una saludable ensalada. Al final, el resultado no solo es notorio, sino también perdurable. ¿Te das cuenta? Sin tu decisión, esfuerzo, dedicación y disciplina, muy probablemente las cosas no van a cambiar en tu vida. Sigue haciendo lo que haces, y obtendrás exactamente los resultados que ahora tienes.

> Sigue haciendo lo que haces, y obtendrás exactamente los resultados que ahora tienes.

Concluyo con una conocida frase que se atribuye al novelista británico Charles Reade, aunque se especula que es un proverbio de origen mucho más antiguo a su época. De todas maneras, nos ayuda a pensar, decidir y actuar.

Siembra un pensamiento y cosecharás un acto.
Siembra un acto y cosecharás un hábito.
Siembra un hábito y cosecharás un carácter.
Siembra un carácter y cosecharás un destino.

Capítulo 11

ESBOZA

La vida es el arte de dibujar sin tener una goma de borrar.

—JOHN W. GARDNER

MIENTRAS DÁBAMOS UN PASEO POR UN ÁREA TURÍSTICA EN UNO de mis viajes de negocios, se nos acercó una persona que portaba simplemente un lápiz y papel. En un par de minutos, esbozó un retrato tan realista que nos dejó impresionados.

Es común ver en parques y playas a personas que se dedican a plasmar en papel las sonrisas de quienes quieran llevarse un souvenir; tal vez tú mismo hayas posado alguna vez y tengas el recuerdo de tu viaje en casa.

Nunca tuve la oportunidad de tomar clases formales de dibujo o pintura, pero siempre me gustó este arte y creo que no lo hago tan mal. Brandon, mi hijo mayor, tiene alma de artista, gran creatividad y una tremenda paciencia para trabajar por horas en el mismo proyecto. Desarrolló sus habilidades desde pequeño y ahora, gracias a la tecnología, puede llevar sus dibujos, creaciones y animaciones al mundo digital. Pero mi habilidad o la suya aún no se compara a la de alguien que impactó mi vida con su historia.

Milton Coronado es un muchacho joven y talentoso. Lo conocí en un lugar donde se exhibían algunos de los cuadros que él había pintado y donado para una organización de ayuda social. La sensibilidad en cada una de sus obras denotaba un intrínseco talento natural que seguramente fue perfeccionado profesionalmente. Bien vestido, muy amable y con los mejores modales, Milton era la imagen de un exitoso joven profesional. Nunca me imaginé la historia que yacía detrás de su sonrisa.

Inesperada ausencia

La madre de Milton llegó de México a Estados Unidos siendo una adolescente. Por su juventud e inexperiencia se vio envuelta en una relación con un hombre que le prometió amor verdadero, pero después de maltratarla por años, la abandonó con sus hijos. Sus niños crecieron en un hogar inestable donde el alcohol y la violencia eran parte diaria de su vida. «Mi mamá era golpeada y abofeteada frente a mis hermanos mayores», me contó Milton, cuando semanas después de conocerlo nos reunimos a tomar un café y me compartió su historia. «Y no solo eso. Su primer esposo rompió en varias ocasiones ventanas y espejos con la cabeza de mi madre. Era un tipo sumamente violento».

Unos años después, ella conoció a un hombre que la trató con respeto y que aceptó a los hijos ajenos como propios. Ambos empezaron a asistir a una iglesia y las cosas al fin se estabilizaron. Pronto, se vio nuevamente embarazada. En ese hogar fue que Milton nació.

Pasaron los años y la familia crecía. Pero quién iba a pensar que cuando todo parecía marchar bien, la vida tenía otros planes. Una mañana de octubre, después de sufrir un desmayo, su joven madre fue llevada al hospital donde dos días después murió de un aneurisma cerebral.

> Pero quién iba a pensar que cuando todo parecía marchar bien, la vida tenía otros planes.
>
>

Su padre se había quedado solo, con el corazón partido y con seis hijos que mantener.

Después de esa inesperada ausencia, todo cambió. El papá de Milton se vio obligado a trabajar sin descanso para proveer para su familia, y los hijos adolescentes tenían que encargarse de cuidar a los más pequeños. Equivocadamente, su padre trató de solucionar la situación casándose nuevamente, pero esto solo empeoró las circunstancias. El hogar estable al que los niños finalmente se habían acostumbrado desapareció de un día para el otro, y Milton —ya un adolescente— buscó refugio en el alcohol y las drogas. Ahora, la calle era su hogar y las pandillas su familia.

Entre el arte y las pandillas

«En mi casa todo era un caos», me explicó Milton. «Cuando somos adolescentes necesitamos más que nunca sentir que pertenecemos a algo. Buscamos amor, aceptación, atención y amor incondicional. Esas son las cosas que deberíamos recibir de nuestra familia, y cuando eso nos falta tratamos de llenar ese vacío con algo. Mi papá trabajaba todo el tiempo y en casa todo eran gritos, golpes e insultos, así que encontré mi consuelo en las calles y en las pandillas».

Afortunadamente, otra de las cosas que llenaba ese vacío era el arte. Desde muy pequeño, Milton demostró una inclinación y habilidad especial para el dibujo y la pintura, pero, sin una guía apropiada, empezó a utilizar su talento de la forma equivocada: se convirtió en un vándalo callejero, pintando paredes, casas y edificios con grafiti. Su popularidad se incrementó entre sus compañeros de pandilla.

«A altas horas de la noche, pintaba grafiti en garajes, letreros y murallas de propiedad pública. El arte era mi válvula de escape», recuerda. «Cada vez que salía a escondidas de casa vestido de negro y con las latas de pintura en mi mochila sabía que tal vez no iba a regresar, pero la sensación de euforia y triunfo que sentía después de pintar una pared hacía que el riesgo valiera la pena. Más de una vez me vi perseguido por pandillas rivales, por la policía, por perros y hasta por balas».

Pese a continuar con esa vida, Milton decidió ir a la universidad. Unos meses después habría de comprobar que el arte era más fuerte que las pandillas. Trató de reformar su vida y aceptó trabajar en la compañía de construcción que su familia había adquirido. Las cosas en casa ya estaban más estables y por primera vez en muchos años se respiraba un aire de paz.

Pero una vez más ocurrió algo totalmente inesperado.

¡Podría haber sido yo!

Una mañana de domingo, el padre de Milton se levantó como siempre a las cinco de la mañana para empezar su jornada de trabajo. Como la noche anterior el joven había regresado a casa tarde, su papá decidió dejarlo dormir y se fue solo. Menos de una hora después, fuertes golpes en la puerta despertaron a todos en casa; eran dos empleados de su padre que lo venían a buscar. En el camino uno de ellos balbuceó algo inteligible, y se sentía una inquietante tensión en el ambiente.

Era una mañana oscura y las calles estaban cubiertas de niebla, pero desde la esquina se podían ver titilantes luces rojas y azules. Al aproximarse, Milton pudo distinguir claramente varios autos de la policía y una ambulancia. Los oficiales trataban de interrogar a algunos vecinos, y vio que un par de vehículos estaban rodeados por la cinta amarilla que se usa para mantener alejados a los curiosos.

«De pronto», recuerda, «pude ver que dentro del área restringida estaba la camioneta de mi papá. Me abrí paso entre la gente y corrí hacia la escena, solo para sentir un par de fuertes brazos que me impedían atravesar la cinta amarilla. Cuando al fin el oficial comprobó que el vehículo pertenecía a mi padre, me soltó y mirándome a los ojos me dijo: "Lo siento mucho, hijo. Tu padre está muerto".

> *Pude ver que dentro del área restringida estaba la camioneta de mi papá. Me abrí paso entre la gente y corrí hacia la escena, solo para sentir un par de fuertes brazos que me impedían atravesar la cinta amarilla.*

»No puedo describir el dolor punzante que sentí en el estómago ni recuerdo con detalle lo que ocurrió después. Sólo sus siguientes palabras quedaron en mi memoria: "Una bala le atravesó la cabeza matándolo instantáneamente. Él no sintió nada".

»Esa noche lloré lágrimas que no sabía que tenía. Y en el medio de la oscuridad, con la almohada húmeda entre mis brazos, no pude dejar de pensar en que esa bala pudo haberme alcanzado a mí; yo era quien generalmente recostaba la cabeza en la ventana; la misma ventana que fue atravesada por la bala que mató a mi padre.

»En ese instante algo cambió en mi interior. Me arrepentí de todo lo que había hecho y pedí a Dios que me ayudara a vivir una vida honesta y productiva».

Borrón y cuenta nueva

Desde entonces, eso es lo que Milton ha estado haciendo. Ahora usa su talento trabajando junto a las autoridades para limpiar las calles de grafiti y cubrir con creativos murales las paredes sucias y manchadas. Además, participa en programas locales e internacionales para rescatar a jóvenes en áreas plagadas por las pandillas. Da conferencias y charlas en escuelas, iglesias y organizaciones, en

las que cuenta su historia e incluye una fascinante demostración en escena de
su talento y pintura.[1] Se graduó de la universidad, empezó una linda familia, y
trata de vivir una vida ejemplar inspirando con
su vida, su arte y su contagiosa sonrisa.

> Es posible encontrar un lienzo en blanco, y empezar nuevamente a pintar un futuro con esperanza. Las grandes obras de arte siempre empiezan esbozando el primer trazo.

Al escuchar su emotiva historia no pude
dejar de sentir una gran admiración por él.
¡Cuántas veces circunstancias menos trágicas
son suficientes para desanimarnos! Vidas como
esta demuestran que es posible encontrar un
lienzo en blanco, y empezar nuevamente a pintar
un futuro con esperanza.

Las grandes obras de arte siempre empiezan esbozando el primer trazo.

*Este poema fue inspirado en la infinita variedad de matices, colores, memorias y
sentimientos que llenan nuestra mente y corazón. Para que lo leas de la manera
que fue mi intención al escribirlo, te aclaro que muchas palabras están escritas
como se pronuncian en el lenguaje coloquial de varios países latinoamericanos,
con acento en la penúltima sílaba; por ejemplo: despintame, llevate o
descubrime; no despíntame, llévate o descúbreme. Que lo disfrutes.*

Despintame

No me robes un color... quiero entregártelos todos
para que poco a poquito me descubras sin medida
y en tu corazón se trace con un pincel de cariño
una acuarela de ensueños, un arco iris de vida

Desde el carmesí profundo de mi pasión contenida
hasta ese pálido cobre de mis días de nostalgia,
el sutil verde que evocan mis ojos cuando te miran
y aquel gris aletargado de mis tardes solitarias

Te entrego el naranja vivo de mañanas y alboradas
cuando una sonrisa grana se me escapa de los labios,
el añil de mis memorias que aparecen sin horario
cuando te pienso de día o sueño en la madrugada

Te regalo el jade intenso de quimeras y esperanzas
que aunque se saben lejanas, sin pedirlo se dan cita
y el cenizo desvelado de mis noches de añoranza
salpicado de suspiros, como estrellas infinitas

Los confines de mi alma tiñen de rojo profundo
el carmín apasionado de tus ansias y las mías
te lo entrego para verlo salpicado entre tu mundo
entrelazado en el nácar de mi piel y cercanía

Llevate el rosado tenue de todas mis ilusiones
que plasmadas en poemas ya son parte de mi calma
y ese cristal transparente de mi intimidad descalza
para que siempre descubras lo que guardo aquí en el alma

Te doy el turquesa grácil de mi voz y melodías,
el marfil de mis recuerdos, el sepia de mis memorias,
el amarillo radiante del sol que alumbra mis días
y el azul impenetrable de mis cielos y mi historia

El castaño de mi pelo, el borgoña de mis labios
el ámbar de mi perfume, el magenta de mi risa
la ambrosía de mi cuerpo, el argén de mi mirada
la escarlata de mis besos, el coral de mis caricias...

Como tengo más colores que mi intimidad arrulla
despíntame despacito, descúbreme con dulzura
y cuando me encuentres libre, transparente y solo tuya,
píntame toda de nuevo, y admírame con ternura.

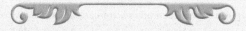

Capítulo 12

EMPUJA

El talento gana partidos, pero el trabajo en equipo y la inteligencia ganan campeonatos.

—MICHAEL JORDAN

Liderazgo es el arte de lograr que alguien haga algo que tú quieres, porque él quiere hacerlo.

—D. EISENHOWER

¿Fútbol o football?

En el inicio de este libro hablé del fútbol y de la pasión que provoca en muchos países alrededor del mundo, especialmente en nuestra Iberoamérica. En Estados Unidos, donde resido hace casi veinte años, este no es el caso. Si bien existe una liga de fútbol, que se conoce como «soccer», la variedad de deportes profesionales que compiten por la atención de los fanáticos es increíblemente amplia.

Todas las semanas y dependiendo de la época del año, miles de personas se congregan en diferentes lugares, o frente a sus televisores, para disfrutar de torneos de tenis, golf, rugby, artes marciales, polo, boxeo, natación, lucha libre, esquí, patinaje, gimnasia, carreras de autos, motocicletas, y un sinfín de otras competencias. Pero los deportes que atraen una mayor cantidad de fanáticos son, sin duda, el baloncesto, el béisbol, el hockey y —por supuesto— el fútbol americano.[1]

Y como reza el dicho: «En Roma haz como los romanos», decidí tratar de entender este deporte para poderlo disfrutar junto a mi esposo, mis hijos o nuestros amigos, especialmente en la época de invierno cuando se juega el famoso «Super Bowl» o «Super Tazón». Debo confesar que en un inicio me resultó más tedioso de lo esperado; por ejemplo, acostumbrada a ver un partido de noventa minutos sin interrupciones, con la excepción de los quince minutos de medio tiempo, me aburría ver cómo el juego era constantemente interrumpido por comerciales.

Poco a poco aprendí las reglas, y aunque no soy una experta, ahora puedo entender y disfrutar de un partido completo. Aunque no lo parezca, soy de las personas que al ver un partido se emociona, se para del sillón y le habla al televisor; mis hijos me dicen que no saben si les divierte más el juego o mis reacciones. También aprendí a apreciar las pausas para la publicidad, especialmente el día del «Super Tazón», cuando presentan los comerciales más creativos, comentados y esperados del año. Más les vale serlo, porque el costo de ponerlos al aire en el juego final llegó a alcanzar nada menos que cuatro millones de dólares por treinta segundos.[2]

Uno para todos y todos para uno

En este deporte, como en muchos otros, cada miembro del equipo tiene una diferente posición y objetivo según su habilidad, preparación y características físicas, pero todos trabajan con un objetivo común: ganar el partido. En el fútbol americano, cuando un jugador tiene el balón en su poder debe hacer lo posible por avanzar con él, muchas veces ante el ataque brutal y directo de sus oponentes, quienes se esfuerzan por evitar que consiga su objetivo de cruzar la línea o avanzar en el campo de juego.

Con esas reglas básicas en mente, quiero contarte a continuación algo que ocurrió en uno de los partidos más recientes que vi.

Cuando se encontraba a solo un par de pasos de cruzar la línea para anotar un «touchdown», el jugador que tenía el balón en sus manos fue alcanzado por sus contrincantes. Como no pudieron derribarlo, se esforzaban por detenerlo colgándose de él con todas sus fuerzas, mientras que él luchaba por mantenerse en pie y no retroceder.

El reloj seguía su marcha, marcando los últimos segundos del partido y los fanáticos de ambos equipos gritaban a voz en cuello. Finalmente, cuando parecía que ya todo estaba perdido para este jugador solitario, ocurrió algo que cambió el curso del resultado: algunos de los más fornidos compañeros de su equipo empezaron a empujar al grupo con todas sus fuerzas. Y paso a paso, lograron que el jugador con el balón pasara la línea y llegara a la zona de anotación. Sonó el reloj. Habían ganado el partido.

Todo esto ocurrió tan rápidamente que si no hubiese sido por la repetición en cámara lenta, no hubiera podido prestar atención a los detalles. Esto me hizo pensar en que no importa cuán hábil o rápido seas, hay momentos en la vida en los que el resultado final podría depender del empuje y apoyo de quienes te rodean.

> No importa cuán hábil o rápido seas, hay momentos en la vida en los que el resultado final podría depender del empuje y apoyo de quienes te rodean.

Mejores son dos que uno...

¿Has sentido alguna vez que todo te jugaba en contra, que los problemas te pesaban y que no podías avanzar? No es que te faltara habilidad, capacidad o voluntad, pero por más que lo intentabas no llegabas a la meta, aunque estuviera tan cercana que casi la podías tocar. Es en situaciones como estas cuando debes recordar la importancia del trabajo de equipo.

Cuando te embarcas en un proyecto junto a otros, ya sea un grupo grande o simplemente tu esposo, tu esposa o un amigo, no creas que puedes o debes hacerlo todo tú solo. Al igual que en los deportes, las diversas habilidades y experiencia de quienes te rodean pueden hacer valiosos aportes al resultado del proyecto.

> Al igual que en los deportes, las diversas habilidades y experiencia de quienes te rodean pueden hacer valiosos aportes al resultado del proyecto.

Si te sientes estancado, recuerda que no hay nada malo en buscar y aceptar la ayuda de otros; todos necesitamos un «empujoncito» de vez en cuando. Solamente nota que cuando hablo de empujar, no me refiero a dar empujones. Estos no ayudan; al contrario, nos sacan de balance y pueden perjudicar o lastimar al que los recibe y al que los da. Hablo de ejercer una constante presión con un fin específico y hacia un objetivo común.

Y por otra parte, si ves que alguien necesita tu apoyo, no dudes en dárselo aunque, al igual que en los deportes, a veces la gloria sea para otro. Empuja sin dudar, y sin esperar nada a cambio. Esas son las victorias que a veces saben mejor.

Liderazgo efectivo

En el transcurso de los años he tenido la oportunidad de interactuar con un sinnúmero de personas en diferentes proyectos, ya sea cuando trabajaba en una oficina para alguna empresa o ahora que manejo mi carrera profesional de forma independiente. Casi siempre tuve el gran privilegio de estar rodeada por un excelente equipo de competentes profesionales. Sin embargo, el hecho de que una persona sea competente, no siempre significa que sepa trabajar en equipo.

Hace unos años estuve a cargo de un importante proyecto para una organización internacional. Todos los miembros del equipo trabajaban con entusiasmo en las tareas asignadas. Todos, menos uno de ellos. Lo llamaremos Miguel.

> El hecho de que una persona sea competente, no siempre significa que sepa trabajar en equipo.

Miguel era joven, talentoso y con un gran potencial, pero tenía una actitud que afectaba al resto del grupo y perjudicaba el desarrollo del proyecto. En un principio, trabajar con él fue un reto para todos, especialmente para mí, como líder del equipo. Lo sorprendente es que el éxito final del proyecto se debió en gran parte a su aporte y entusiasmo. ¿Cómo ocurrió eso?

Porque aprendí que una persona apasionante debe actuar sabiamente, adaptando su estilo de liderazgo según la madurez, habilidad y personalidad de los miembros de su equipo.

En mi intento de encontrar una mejor manera de trabajar juntos y fomentar su potencial, descubrí una forma simple pero efectiva de interactuar con las personas y lograr que el equipo alcanzara resultados extraordinarios. Está basada en lo que se conoce como liderazgo situacional de Ken Blanchard y Paul Hersey, expertos en liderazgo y manejo gerencial.[3]

Lo interesante de esta estrategia, es que me di cuenta de que no solo puede aplicarse en el trabajo, sino en casi todas las circunstancias en

> Una persona apasionante debe actuar sabiamente, adaptando su estilo de liderazgo según la madurez, habilidad y personalidad de los miembros de su equipo.

las que se tenga que interactuar con un grupo de personas con un objetivo común.

Por ejemplo:

- Si eres un estudiante, con tus compañeros de clase con quienes tengas una asignación.
- Si eres líder de alguna iglesia u organización, con los voluntarios que apoyan tu causa.
- Si eres educador o maestro, con tus alumnos.
- Si eres padre o madre de familia, ¡con tus propios hijos!

¿Suena interesante? Te la comparto brevemente a continuación.

Según este método, en un equipo las personas pueden ser separadas en cuatro tipos básicos, según su nivel de competencia (habilidad) y compromiso (voluntad).

1. **Baja voluntad y baja habilidad.** No tiene experiencia ni entrenamiento previo y no muestra motivación o seguridad en sí mismo.
2. **Alta voluntad y baja habilidad.** Tiene deseo y está motivado, pero no tiene la aptitud o el entrenamiento necesarios.
3. **Baja voluntad y alta habilidad.** Tiene experiencia, talento y potencial, pero no confía en su propia capacidad, o no da muestras de motivación o interés.
4. **Alta voluntad y alta habilidad.** Tiene la motivación y la capacidad de entender, ejecutar y completar el proyecto delegado de manera independiente y creativa.

Déjame refrasear estas categorías de una manera más sencilla, y de la forma que generalmente las enseño. Einstein dijo alguna vez que «si no puedes explicarlo simplemente, no lo entendiste suficientemente bien».

1. Los que no quieren ni pueden
2. Los que quieren pero no pueden
3. Los que no quieren pero sí pueden
4. Los que sí quieren y sí pueden

Creo que esta segunda forma de mencionar las cuatro categorías es auto explicativa. Como te habrás dado cuenta, Miguel estaba en una de las más difíciles de manejar: alta habilidad, pero baja motivación y voluntad. De manera práctica, esto es lo puedes hacer para lidiar con cada tipo de personalidad:

1. **Los que no quieren ni pueden** necesitan **dirección**.
   El líder debe explicar con instrucciones específicas y directas qué hay que hacer y cómo hacerlo, ayudar personalmente en las asignaciones, y supervisar constantemente el desarrollo del trabajo.

2. **Los que sí quieren pero no pueden** necesitan **orientación**.
   El líder debe entrenar y equipar, convertirse en un «coach». Se dan instrucciones, pero se invita a expresar ideas y se anima al trabajo independiente.

3. **Los que no quieren pero sí pueden** necesitan **motivación**.
   El líder debe enfocarse más en la relación que en la dirección. Debe «vender» la idea para lograr que sea aceptada y apoyada. Dar lugar a la participación, y tratar de poner en práctica las sugerencias recibidas.

4. **Los que quieren y pueden** necesitan **confianza**.
   El líder debe delegar y pasar la responsabilidad de la tarea asignada. Monitorea el progreso ocasionalmente pero no se involucra en decisiones menores. Demuestra confianza en la habilidad y competencia del miembro del equipo.
   Si aprendes y aplicas consistentemente estas sugerencias, te aseguro que vas a ver una gran diferencia.

No cortes a todos con la misma tijera

En muchas ocasiones, personas en áreas de influencia cometen el gran error de «cortar a todos con la misma tijera»; es decir, tienen el mismo estilo de liderazgo para todos los miembros del equipo bajo su cuidado o, peor aún, utilizan equivocadamente estos estilos. Si la situación persiste después de que el líder haya aprendido la diferencia, creo que eso demuestra falta de madurez profesional y de seguridad personal.

Piensa: si un individuo competente con clara trayectoria profesional es tratado como un novato por su jefe, haciendo que se sienta vigilado o cuestionado en cada decisión, o corregido constantemente, tarde o temprano los efectos serán evidentes: va a perder el entusiasmo y dejar el equipo, o va a seguir trabajando por obligación, pero sin motivación ni resultados.

De igual forma, si en tu familia tratas a tus hijos adolescentes de la misma manera y con las mismas reglas que a tu pequeño de ocho años, estás fomentando rebeldía y coartando su proceso de madurez.

> El desafío de un líder apasionante, sea cual fuere su círculo de influencia, radica en determinar en qué posición se encuentra cada miembro de su equipo, y actuar individualmente de la manera apropiada.

El desafío de un líder apasionante, sea cual fuere su círculo de influencia, radica en determinar en qué posición se encuentra cada miembro de su equipo, y actuar individualmente de la manera apropiada. Puede que en un inicio no sea fácil y tome tiempo, pero los resultados valen la pena. Imagina la satisfacción que vas a sentir cuando se cumpla el objetivo principal: conseguir que, gracias a haberles dado ese «empujoncito» que necesitaban, todos se transformen en personas que «sí quieren y sí pueden».

Tu influencia puede cambiar su futuro.

Capítulo 13

ENTIENDE

Camina una milla en los zapatos de otro. Si sientes que te lastiman,
probablemente estén lastimando a la otra persona también.

—ANÓNIMO

TEMPRANO POR LA MAÑANA, CLAUDIA GONZÁLES SE PREPARÓ
como siempre para ir a la universidad. A sus dieciocho años no tenía mucho de
qué preocuparse más que de sacar buenas calificaciones y disfrutar su juventud.
Pertenecía a una buena familia, tenía una holgada posición económica y recién
había empezado a estudiar la carrera de Ingeniería.

Pero aquel día habría de ser diferente. Al salir de clase y mientras caminaba
por el centro de la ciudad de La Paz en esa fría mañana, se fijó en que un grupo
de niños estaba escondido en la base hueca de un conocido monumento público.
Pero aquellos niños no estaban jugando al «escondite». Su mirada triste y sus
ropas raídas revelaban desamparo y pobreza. Hacía mucho tiempo que sus
sucias caritas no habían sido lavadas por una mano cariñosa ni sus despeinadas
cabecitas habían sentido la suavidad de una almohada.

Estaban hambrientos. Tenían frío. Eran niños de la calle.

Al verse descubiertos se dispersaron corriendo, perdiéndose entre la
muchedumbre de personas que a esa hora caminaban sin siquiera notar su presencia. El corazón de muchos se endurece ante la costumbre de ver la miseria
ajena.

Solamente un niño permaneció en el lugar; un pequeñito que no tendría más de siete años. Se llamaba Joaquín. Claudia, con mucho tacto y cariño, lo invitó a comer algo, y mientras el niño saciaba su hambre física después de muchos días de no haberse llevado a la boca nada nutritivo, su hambre de aceptación y cariño también se sació poco a poco por la compasión de la joven.

Ese encuentro marcaría el inicio de un proyecto que por más de veinte años continúa transformando el futuro de miles de niños y jóvenes. Claudia dedicó su vida a tratar de entender la difícil realidad de quienes, desde temprana edad, se ven forzados a sobrevivir sin el amor, el sustento y la protección de una familia.

Combatiendo el frío, dando esperanza

Acompañada por Joaquín, Claudia empezó a ganarse gradualmente la confianza y aceptación de los otros niños. Encontró sus guaridas, conoció sus historias, entendió sus miedos. Los visitaba a altas horas de la noche junto a un grupo de amigos que para entonces ya compartían su misión, llevando sustento y abrigo, o una simple pelota para jugar al fútbol.

> Para mitigar la soledad, el hambre y el penetrante frío, muchos optaban por inhalar substancias que adormecían sus cuerpos y aletargaban sus almas.

Descubrió que cada historia es diferente. Algunos eran huérfanos; otros, habían abandonado su hogar debido al abuso, la violencia o el alcoholismo de sus padres, y otros, simplemente, no tenían una mejor alternativa. Dormían donde podían encontrar un refugio. Se dedicaban a vender dulces, lavar autos, lustrar zapatos, o cualquier trabajo que encontraran para sustentarse. Confesaron que a veces se veían obligados a robar. Describían una cruda realidad que aún es prevalente en nuestra América Latina y en muchas otras regiones del mundo. Para mitigar la soledad, el hambre y el penetrante frío que es característico de las noches de esta ciudad boliviana, muchos optaban por inhalar substancias que adormecían sus cuerpos y aletargaban sus almas.

Allí nació el Hogar de Niños «Alalay», palabra que, precisamente, significa «frío» y que era comúnmente utilizada por los niños. Este término proviene del idioma Aymara, lenguaje que es todavía hablado por más de dos millones de personas en regiones de Bolivia, Perú, Chile y Argentina.[1]

Desde sus inicios en 1990, la Fundación Alalay ha ayudado a más de veinte mil niños y jóvenes. En la actualidad, cuentan con varias casas-hogar y aldeas infantiles en diferentes ciudades, donde muchachos y niñas de cinco a dieciocho años reciben cuidado físico, emocional y espiritual. Proveen, además, opciones de aprendizaje y carreras técnicas para que los jóvenes que se gradúen sean miembros productivos de la sociedad.[2]

Muchos de estos niños, ya ahora adultos y con familias propias, dedican parte de su tiempo a ayudar a esta organización para inspirar con su ejemplo a las nuevas generaciones. Aunque las necesidades son a veces más grandes que los recursos, su trabajo incansable y el apoyo de decenas de otros colaboradores y voluntarios proveen la oportunidad de vivir con esperanza de un futuro mejor.

> Muchos de estos niños, ya ahora adultos y con familias propias, dedican parte de su tiempo a ayudar a esta organización para inspirar con su ejemplo a las nuevas generaciones.

Y todo, gracias a una mujer que a sus dieciocho años decidió abrir su corazón para entender la necesidad ajena, actuar con empatía ante el dolor y renunciar a todo para poner en obra su compasión.

Empatía y compasión

Si decides ejercer empatía ante las circunstancias de otros, verás cómo la compasión se despierta en el corazón, aunque tal vez no llegues a comprender la magnitud de su situación o el porqué de sus decisiones o reacciones. Si nos diéramos el tiempo de conocer y entender, tal vez no seríamos tan rápidos en juzgar y podríamos ser más sensibles a la necesidad.

Pero no siempre esa necesidad es evidente; muchas veces las personas se esconden detrás de máscaras que cubren su dolor, su soledad o su abandono.

Tal vez conozcas a alguien así.

Tal vez tú seas una de ellas.

Una de las situaciones por las que tengo un afecto especial, es la de las mamás solas. No me gusta utilizar el término de «madres solteras» pues creo que para muchos lleva una connotación negativa. Puede que en efecto algunas de ellas nunca contrajeran matrimonio, pero en muchos casos son mujeres que quedaron solas debido al abandono, separación, divorcio, maltrato, viudez o decenas de otros motivos.

Lo cierto es que, sin importar la razón, mujeres que están en esa posición tienen que enfrentar retos que una familia convencional no conoce. Es indudable que también existen papás solos, pero estadísticas muestran que, en su mayoría, es sobre las mujeres que cae la responsabilidad de criar a los hijos.[3]

Si este es tu caso, permíteme darte una palabra de aliento. Tengo personas muy cercanas a mí y a quienes quiero mucho que se encuentran precisamente en tu situación, y aunque no puedo entender en carne propia lo que se siente como mujer, sí conozco los retos y las dificultades como hija, y quiero decirte que no estás sola. Creo firmemente que cuentas con el amor de un Dios que te conoce y escucha, y que prometió suplir tus necesidades. Y la manera en la que muchas veces lo hace es a través de otras personas.

Aunque a veces sientas que no hay esperanza, siempre existe alguien a tu alrededor que puede darte una mano; pero si no conocen la situación por la que estás pasando, no hay manera de que te brinden la ayuda que necesitas. Debes integrarte a tu comunidad, formar parte de un grupo de apoyo y encontrar en amigos la familia que tal vez te hace falta.

> Aunque a veces sientas que no hay esperanza, siempre existe alguien a tu alrededor que puede darte una mano; pero si no conocen la situación por la que estás pasando, no hay manera de que te brinden la ayuda que necesitas.
>
>

Recuerda, además, que tienes en tus manos la gran responsabilidad de formar la vida de tus hijos e inspirarlos con tu ejemplo. No es fácil, pero no es imposible. Yo me crié en un hogar sin padre, y gracias a Dios mira hasta dónde he llegado.

Y si por otra parte tú tienes la posibilidad de brindar ayuda, ya sea a alguna mamá sola en tu comunidad o a cualquier otra persona que lo necesite, recuerda que el primer paso en el camino de ayudar a otros es aprender a entenderlos. Como se dice comúnmente: ponerse en sus zapatos... aunque muchas veces sus pies estén descalzos, como en el caso de los niños de la calle.

El tratar de entender el dolor ajeno no quita la pena, pero acaricia la herida. Hace unos meses me enteré de una difícil situación por la que atravesó una amiga, y no pude evitar escribir algo que me nació en el alma. Es mi esperanza que también llegue a tu corazón.

Fragancia

Mentiría si dijera que yo sé cómo te sientes
que comprendo por completo tu dolor y tus angustias
que el sabor de tu nostalgia huirá con la corriente
que el llorar es pasajero, que tus flores no están mustias

No me es posible pintarme al matiz de tus pesares
sin vivirlo en carne propia las palabras suenan vanas
mas si quieres, soy un hombro para lágrimas y azares
pues las penas compartidas hacen carga más liviana

Los amigos son remanso que acaricia esa tu ausencia
mejor pocos de los buenos, con lealtad definida,
y la fe que te sostiene forma parte de tu esencia
como bálsamo que sana poquito a poco una herida

El invierno pisa fuerte y parece sempiterno
mas la primavera aguarda a través de la distancia
tal vez nunca sea la misma, pero su consuelo eterno
tarde o temprano, en silencio, te inundará de fragancia.

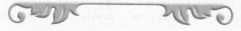

Capítulo 14

EXAMINA

Decide cuáles son tus prioridades y cuánto tiempo vas a invertir en ellas.
Si no lo haces, alguien más decidirá por ti.

—HARVEY MACKAY

La brújula y la linterna

Hace unos años, un buen amigo de mi familia, quien se queda en nuestra casa cada vez que viene a Chicago por negocios, trajo para mis niños un par de regalos simples pero significativos. A uno le regaló una linterna y al otro una brújula. Ambos conllevaban un concepto similar: podrían ayudarles a encontrar el camino a seguir, ya sea iluminando el trayecto o apuntando hacia un norte fijo. Mi hijo menor se asombraba viendo que, sin importar cuánto caminaba o las vueltas que daba con la brújula en las manos, no lograba confundirla pues tarde o temprano la aguja siempre volvía a apuntar hacia el norte.

De igual manera, existen principios que son inamovibles e iluminan el camino a seguir. Se han repetido y comprobado a través del tiempo sin importar raza, educación, cultura o religión. Por ejemplo: la honestidad, el trabajo arduo, el orden, la integridad, el respeto, la perseverancia, la gratitud y el perdón, son algunos de esos fundamentos sobre los cuales deberíamos aprender a establecer nuestras vidas.

En el capítulo titulado «Evalúa» verás cómo la percepción equivocada puede hacer que cometamos errores o que tengamos una imagen distorsionada de otros, de nuestras circunstancias, o de nosotros mismos. Por eso, debemos aprender a vivir basados en *principios* y no en *percepciones*. Esto requiere en cierta manera tener fe, porque necesitas creer que lo que estás haciendo vale la pena, y que tarde o temprano los resultados van a ser evidentes. Una de mis definiciones favoritas de esta virtud dice que la fe es la certeza de lo que se espera y la convicción de lo que no se ve.[1]

> Existen principios que son inamovibles e iluminan el camino a seguir. Se han repetido y comprobado a través del tiempo sin importar raza, educación, cultura o religión.

Principios y convicciones

Tal vez pienses que es fácil desanimarte, especialmente cuando ves a otras personas que parecen progresar y salir adelante engañando, manipulando, haciendo trampa, o pisando a los demás. Pero recuerda que los principios son como la fuerza de gravedad; uno puede desafiarla pero no vencerla; tarde o temprano, todo lo que sube tiene que bajar.

De una manera práctica, hay algo que puedes hacer cada vez que se presente una circunstancia difícil o una situación en la que no sepas cómo reaccionar o resolver: simplemente examina tus convicciones y pregúntate a ti mismo cuál es el principio que está en juego. Por ejemplo, si no puedes terminar lo que empiezas podrías aplicar el principio de la perseverancia. O si todavía guardas resentimiento en tu corazón en contra de otra persona —ya sea justificadamente o no—, deberías poner en práctica el principio del perdón.

Examínate a ti mismo y saca tus conclusiones personales; es bueno de vez en cuando ser introspectivos y decidir cambiar lo que está fuera de curso. A partir de hoy, trabaja para lograr que el centro de tus decisiones se fundamente en algo inamovible, comprobado y demostrado; es decir, en principios y no en percepciones.

Recuerda que las percepciones cambian, pero los principios permanecen.

> Los principios son como la fuerza de gravedad; uno puede desafiarla pero no vencerla; tarde o temprano, todo lo que sube tiene que bajar.

El nido vacío

Hace ya varios años, al abrir mi ventana para apreciar la belleza de un árbol florido que parece volver a la vida cada vez que despierta la primavera, descubrí que una pareja de coloridos petirrojos escogió su cobertura para construir un nido.

> Recuerda que las percepciones cambian, pero los principios permanecen.
>

Y desde entonces cada año, tan pronto como las hojas reverdecen, la calidez del viento renueva los aletargados capullos y las flores abren sus frescos·pétalos a la vida, esa peculiar bifurcación de ramas estratégicamente presentadas, son el lugar escogido para que el par de avecillas se deshagan de los vestigios que quedaron del nido previo, y se esfuercen en construir uno nuevo.

Día tras día, pude ver cómo se afanaban en entretejer magistralmente una perfecta morada, transformando materiales comunes y corrientes en una obra de arte.

Luego, depositada su preciosa carga, llegó el tiempo de espera.

Días y noches sin moverse, cubriendo con sus cálidos cuerpos ese tesoro oculto, soportando fuertes vientos, el sol abrasador o copiosas tormentas, aguardaban pacientemente el milagro de la vida.

Finalmente, el sonido de trinos persistentes anunciaba que los pequeños pichoncitos habían roto el cascarón.

> Siempre afanados, parecían olvidar la verdadera razón de su labor.
>

Y de pronto, todo cambió.

La labor incesante de ambas aves me abstraía constantemente. Sin descanso alguno, ambos se turnaban para proveer alimento, protección y abrigo a tres insaciables criaturas que no hacían otra cosa que demandar atención.

Vi cómo esos pájaros protegían a sus indefensos críos ante posibles peligros, cómo velaban su sueño, cómo proveían sustento, cómo los cubrían con el suave cojín de sus plumas... pero también cómo el constante afán no les permitía disfrutar de la caricia del sol, la belleza de su entorno, o la compañía de los nuevos miembros de la familia. Siempre afanados, parecían olvidar la verdadera razón de su labor.

Hasta que un día, el nido les quedó pequeño. Las alas ya habían cobrado fuerzas. Los vientos de independencia soplaban en su horizonte. Y pude ver cómo esas avecillas, ya maduras, levantaron el vuelo y abandonaron el nido para no volver. Un viejo poema, de los muchos que aprendí de niña, hizo eco en mi memoria: «Sólo ha quedado en la rama un poco de paja mustia, y en la arboleda la angustia de un pájaro fiel que llama...».

No pude evitar que varias analogías se agolparan en mi cabeza. ¿Será que nuestras vidas se asemejan a las de esas pequeñas aves? Es un proceso similar: sueños e ilusiones, la dulce espera, el milagro de la vida, noches de insomnio, alegrías, sacrificios, ternura, caricias, temores, cuidados, vientos, tormentas, satisfacciones, ausencia...

> A veces se nos olvida la importancia de saborear cada instante, de disfrutar cada abrazo, de compartir cada alegría, de perdonar cada falta, de disfrutar plenamente cada uno de esos momentos que tal vez nunca se van a repetir.
>
>

Y en el trajín de la vida, a veces se nos olvida la importancia de saborear cada instante, de disfrutar cada abrazo, de compartir cada alegría, de perdonar cada falta, de disfrutar plenamente cada uno de esos momentos que tal vez nunca se van a repetir.

Para quienes somos padres es difícil admitir que, algún día, el nido también quedará vacío...

Y año tras año, la historia se repite en las ramas floridas de ese árbol que adorna mi ventana en primavera. Es imposible saber si quienes retornan a su vieja morada son los mismos petirrojos; ven los escombros de lo que un día fuera el hogar del cual partió su simiente, y empiezan de nuevo, enfrentando una nueva etapa en sus vidas después de un frío invierno. O tal vez los jóvenes pajarillos, ya maduros y dispuestos a construir su propio futuro, son quienes siguen sus pasos, tal como algún día lo harán nuestros hijos. Y al contemplar esas ramas tan familiares y percibir el sutil aroma de las flores, no pueden evitar que su memoria evoque esa infancia fugaz y el amor incondicional de sus padres, que un día los vieron partir.

Me gusta imaginar que es así.

Los días son largos, pero los años son cortos

Si tienes hijos, tal vez te sientas identificado. ¿No te parece que a veces es tan fácil dejarnos llevar por el trajín de la vida y descuidar lo que realmente vale la

pena? Recuerdo como si fuera ayer cuando mis dos hijos eran bebés y sus pequeños problemas eran sencillos de resolver, aunque a veces terminaba exhausta al
concluir el día. Dependiendo de tu edad, tal vez tú también puedes evocar con

> Trata de disfrutar al
> máximo cada momento.
> Para un niño, un tiempo
> de calidad significa
> también cantidad.

una sonrisa las anécdotas y situaciones que forman parte de verlos crecer, como sus primeras
palabras, los primeros pasitos o el primer día de
escuela. O si eres más joven, quizás estés pasando precisamente por esa etapa. Si es así, trata de
disfrutar al máximo cada momento. Para un
niño, un tiempo de calidad significa también
cantidad.

En esos primeros años escribí unas líneas
mientras los veía disfrutar inocentemente la
vida. No lo considero un poema; tal vez algún día lo reescriba y ordene estas
ideas en prosa o en verso, pero creo que expresan lo que casi todo padre ha
pensado alguna vez.

Te veo jugar, mi chiquito, con la inocencia de tu edad,
ningún temor ni ansiedad nublando tu andar.
Te veo crecer, pequeñito... los años pasan y empiezo a comprender
que algún día te tendré que decir: tu tiempo ya llegó
Vuela...
Camina, corre y vuela
Atrás quedó la escuela, los juguetes y acuarelas
el osito de peluche y los pijamas de algodón
Vuela...
Camina, corre y vuela
remonta tras tus sueños, tus proyectos, tus deseos,
alcanzando tus anhelos y viviendo tu pasión.
Y siempre da gracias a Dios.

En un abrir y cerrar de ojos, mis «pequeñitos» ya están más altos que yo y
en su camino para emprender su propia aventura de la vida. Cuando tenemos
hijos, a veces los días parecen largos... pero de verdad que los años son cortos.

Ya sea que tengas hijos o no, me imagino que estarás de acuerdo conmigo
en que mientras más viejos nos ponemos parecería que más rápido pasa el tiempo. Para muchos de nosotros, atrás quedaron esos días sin prisa ni grandes

complicaciones en los que reíamos más y nos preocupábamos menos, en que salíamos a pasear sin rumbo fijo, comíamos lo que fuera sin leer las etiquetas y tomábamos la vida con menos seriedad.

Ahora, dejamos que las demandas de nuestras responsabilidades consuman nuestro tiempo, drenen nuestra energía y afecten las cosas que deberían ser las más importantes; como nuestra vida espiritual, nuestra tranquilidad emocional, la armonía familiar y nuestras relaciones de amistad.

> *Es esencial que constantemente examines tus prioridades y elijas las más importantes, según tus principios, valores y convicciones. Quien tiene muchas prioridades, en realidad no tiene ninguna.*

Es por eso que es esencial que constantemente examines tus prioridades y elijas las más importantes, según tus principios, valores y convicciones. Quien tiene muchas prioridades, en realidad no tiene ninguna.

¿Urgente o importante?

Una prioridad es simplemente aquello que tú consideras o tratas como algo primordial. Como dije, generalmente está basada en tus principios, valores, metas y convicciones. Por ejemplo:

- Si tú crees que el dinero significa felicidad y tu meta es estar económicamente estable, vas a trabajar incansablemente para ganar tanto como puedas.
- Si piensas que es importante ayudar a otros, tal vez dones de tu dinero o de tu tiempo para apoyar alguna causa o a alguien en necesidad.
- Si lo que te gusta es divertirte, me imagino que siempre harás el tiempo para ir de fiesta y estar con tus amigos.
- Si valoras cultivar tu mente y tu espíritu, probablemente formes parte de una comunidad de fe y apartes tiempo para estudiar y continuar aprendiendo.
- Si lo más importante es tu familia y tus hijos, tal vez sacrifiques tus propias aspiraciones para dedicarte a ellos.

Tener las prioridades correctas es esencial para lograr una vida productiva y apasionante, alcanzar nuestras metas y desarrollar nuestro potencial. El

problema se encuentra cuando estas están basadas en las motivaciones incorrectas o, si son las correctas, cuando dejamos que estén fuera de balance. En el
capítulo titulado «Equilibra» hablo más en detalle sobre este tema.

Pero, ¿cómo escoger tus prioridades cuando tantas otras cosas parecieran
demandar todo tu tiempo y atención?

Una de las herramientas más efectivas que aprendí a lo largo de los años y
que trato de aplicar todos los días de mi vida, está basada en un simple cuadrante que separa nuestras prioridades en cuatro categorías principales:

> *Tener las prioridades
> correctas es esencial para
> lograr una vida
> productiva y apasionante,
> alcanzar nuestras metas y
> desarrollar nuestro
> potencial.*
>
>

- Importante y urgente
- Urgente pero no importante
- Importante pero no urgente
- Ni urgente ni importante

Este cuadrante fue popularizado por el
autor y motivador Steven Covey, y su origen es
atribuido al presidente estadounidense Dwight
Eisenhower, quien sabiamente afirmó que «no
siempre lo importante es urgente, ni lo urgente
es importante».[2]

Te sugiero aplicar esta fórmula simple pero profunda, tanto en cuanto a tus
responsabilidades diarias de trabajo y familia como a situaciones relevantes que
requieran tomar una decisión. Si es necesario, escríbela en un papel y colócala
en algún lugar donde la puedas ver constantemente; yo la tengo al frente de mi
escritorio, justo arriba de mi computadora. No sabes cuántas veces me ayudó a
retomar mi camino y dejar de perder mi tiempo en aquello que no es ni importante ni urgente.

Hoy te reto a examinar tu vida y ver si es *urgente* decidir hacer ciertos cambios para tener las prioridades correctas. Pero no solo tomes la decisión; llevarlos
a la práctica es sin duda *importante*.

Recuerda que existe una gran diferencia entre la intención y la acción.

Capítulo 15

ELIMINA

Cultiva solo aquellos hábitos que quisieras que dominaran tu vida.

—ELBERT HUBBARD

ME IMAGINO QUE HABRÁS ESCUCHADO AQUELLO DE QUE SE REQUIEREN por lo menos veintiún días de repetir concientemente algo para romper un mal hábito o iniciar uno bueno. Esta no es una ciencia exacta y varía de persona a persona, pero lo cierto es que, si queremos transformar quienes somos, tenemos que cambiar lo que hacemos.

Hábitos son aquellas cosas que haces por costumbre, muchas veces sin siquiera pensar en ellas. Todos tenemos hábitos, cosas que hacemos *habitualmente*, de ahí la palabra. Algunos son buenos, como ser puntuales, comer de manera saludable o hacer ejercicios regularmente; otros, son malos, como decir mentiras, gritar cuando te enojas o no reconocer tus errores; y otros, simplemente son tontos, como morderte las uñas, dejar las luces encendidas o arreglarte el cabello en cada espejo que se te atraviesa.

¿Puedes enumerar algunos de tus hábitos? ¿Son buenos, malos o tontos? Si alguna vez intentaste tratar de eliminarlos, seguro te diste cuenta de que es más difícil de lo que pensabas. Pero no es imposible. Para hacerlo, la mayoría de

> Si queremos transformar quienes somos, tenemos que cambiar lo que hacemos.

las veces necesitamos algún tipo de ayuda, ya sea una recompensa o una consecuencia.

Alguien en mi casa —y no voy a decir quién para que no se enoje conmigo— tiene el mal hábito de morderse las uñas. Es algo que hizo por años desde que era pequeño, y ahora se da cuenta de que pese a sus mejores intenciones le es difícil dejar de hacerlo. Para ayudarlo, le compré una botellita que prometía en su etiqueta resolver este problema. Contiene un líquido de sabor agrio y desagradable, y se lo puse en la punta de los dedos. En menos de cinco minutos, lo vimos correr al baño con una cómica cara de disgusto, directo a cepillarse los dientes para quitarse el horrible sabor en la boca... ¡y esto ocurrió una y otra vez! El hábito era tan fuerte que aun conociendo las consecuencias, en un inicio no podía evitar repetirlo. Digamos que fue una interesante experiencia para él, y divertida para el resto de la familia.

> Buenos hábitos edifican, ayudan, levantan, influyen e inspiran. Hoy es un buen día para empezar.

Eliminar o transformar tus malos hábitos tiene el potencial de cambiar tu forma de ser, la manera que ves la vida y la imagen que otros tienen de ti. Buenos hábitos edifican, ayudan, levantan, influyen e inspiran. Hoy es un buen día para empezar.

¿Tienes mal aliento?

«Quejarse es como tener mal aliento. ¡Lo notamos cuando viene de alguien más, pero no cuando proviene de nosotros!». Con esas palabras y un innovador concepto, Will Bowen dio a conocer su misión de lograr reducir la cantidad de veces que las personas se quejen, y lograr una vida más productiva y feliz. Este experimento, que empezó con un grupo de doscientas personas que asistieron a sus charlas y conferencias, se transformó en un éxito de librería y luego en un movimiento que afirma haber transformado la vida de millones de hombres y mujeres en más de cien países.[1]

El desafío era muy simple. Basado precisamente en la teoría que sugiere que se necesitan veintiún días para cambiar un hábito, él retó a los participantes a parar de quejarse por el transcurso de ese tiempo. Para ayudarles en el intento, distribuyó a cada uno una manilla o pulsera de goma con las palabras «Un mundo sin quejas». Cada vez que la persona se quejaba de algo, debería cambiar la manilla de una mano a la otra, y regresar el conteo a cero; vale decir, empezar los veintiún días de nuevo.

Siendo que me gustan los desafíos, decidí sumarme a la causa y convencí a mi esposo de intentarlo juntos, segura de que lo lograríamos. *Total —pensé— no somos de las personas que se quejan mucho, y dejar de hacerlo no es tan difícil, ¿o sí?*

Basta decir que en el transcurso del experimento, la manilla de mi esposo se rompió debido a la cantidad de veces que tuvo que estirarla para cambiársela de una muñeca a la otra. Yo, por supuesto, no tuve ese problema... ¡pero solo porque tengo las manos más pequeñas!

Lo que pasa es que cuando empiezas a prestar atención a lo que dices, en solo un par de días te darás cuenta de la increíble cantidad de quejas que salen de tus labios, y probablemente la gran mayoría sobre cosas triviales. ¿Dudas de lo que digo? Entonces te reto a que intentes participar en este programa. Si logras completarlo en los primeros veintiún días —y tienes testigos que lo comprueben— seguramente tu nombre entrará en algún libro de récords.

Hay que admitirlo; todos nos quejamos. Unos más que otros, según nuestra personalidad, humor o circunstancias, ya sea por cosas triviales o importantes. Nos quejamos del clima, del tráfico, de nuestra salud, de nuestro peso, del gobierno, de las noticias, de los precios, de nuestro jefe, de nuestra pareja, de los vecinos o de la nueva arruga que descubrimos al mirarnos al espejo.

> Cuando empiezas a prestar atención a lo que dices, en solo un par de días te darás cuenta de la increíble cantidad de quejas que salen de tus labios.

Me contaron que durante un vuelo, una de las azafatas se acercó a ver qué le ocurría a un hombre que protestaba a voz en cuello.

«¡Es que estoy harto de esta aerolínea, señorita!», le dijo, disgustado. «¡Siempre me dan el mismo asiento, nunca puedo ver la película y, para colmo, ni siquiera puedo tomar una siesta porque mis ventanillas no tienen persianas!».

La azafata lo miró seriamente y le respondió:

«Voy a pedirle un par de cosas, señor: primero, abróchese de nuevo el cinturón de seguridad. Segundo, baje el nivel de su voz y deje de quejarse porque está preocupando a los pasajeros. Y tercero, recuerde que ¡usted es el piloto!».

¿Por qué nos quejamos?

Quejarse es simplemente expresar nuestro descontento por algo que nos molesta, disgusta o afecta, sin el objetivo de encontrar una solución.

Las razones varían; unos se quejan para llamar la atención o para causar lástima («me duele la cabeza» o, «¿por qué siempre me pasan estas cosas?»).

Otros lo hacen para justificar anticipadamente su bajo rendimiento («Hoy no me puedo concentrar» o «No dormí bien anoche así que no esperes mucho de mí»). Algunos se quejan para presumir («Esta computadora de mi oficina es muy lenta, no se compara con la que tengo en casa»). O simplemente para empezar una conversación («Qué día más feo y nublado, ¿no crees?»).

> Quejarse es simplemente expresar nuestro descontento por algo que nos molesta, disgusta o afecta, sin el objetivo de encontrar una solución.

Recuerdo que uno de mis compañeros de trabajo rara vez se quejaba por algo. Cuando le preguntamos al respecto, nos dijo que la principal razón era que él creía que al ochenta por ciento de las personas no le interesaban sus problemas, y que probablemente ¡el otro viente por ciento estaban felices de que los tuviera!

No creo que eso sea necesariamente cierto. En ocasiones es importante compartir un problema con alguien de confianza. Pero existe una gran diferencia entre buscar un consejo y mencionar las circunstancias para tratar de resolverlas, o simplemente quejarte de ellas.

El concepto de quejarnos no solo se limita a hablar de algo que tiene que ver con nosotros mismos. Cuando criticas a otra persona, también te estás refiriendo a algo que no te gusta o no apruebas; entonces, del mismo modo es considerado una queja. Y si lo haces a espaldas suyas, esa queja tiene un nombre: se llama chisme. Yo tengo una regla que trato de aplicar en mi vida y que siempre repito a mis hijos: nunca digas a espaldas de alguien algo que no te atreverías a decirle en la cara. Te sugiero que la recuerdes antes de que tus palabras te metan en problemas.

> Existe una gran diferencia entre buscar un consejo y mencionar las circunstancias para tratar de resolverlas, o simplemente quejarte de ellas.

Recuerda: los hechos son neutrales; las quejas, emocionales. Cuando te quejas, te enfocas en el problema y no en la solución.

¿Vale más tarde que nunca?

Utilizar un brazalete o cualquier otro recordatorio visual para que tomes conciencia de algo que quieres eliminar en tu vida es una excelente idea, y ciertamente ayuda a lidiar con esas cositas que hacemos habitualmente y que sabemos que deberíamos cambiar. Muchas veces estas son el resultado de diferentes factores, como la manera en la que nos criaron, costumbres del país del cual provenimos, o la influencia de quienes nos rodean. Otras, son el producto de nuestras propias decisiones.

Si hablamos de asuntos culturales, no puedo dejar de mencionar algo que —lamentablemente— parece caracterizarnos a casi todos los latinoamericanos: la impuntualidad. Cuando yo era una niña en mi país se hablaba de dos tipos de horarios: el que marcaba el reloj y la «hora boliviana». Al venir a Estados Unidos y entrar en contacto con personas de diferentes nacionalidades, me sorprendió darme cuenta de que este no era solamente un problema regional. Llegar tarde o ser impuntual en compromisos estaba asociado con el término «hora latina».

Habiendo sido criada de esa manera, podría contarte decenas de anécdotas durante mis primeros años de noviazgo y matrimonio, cuando mi pobre esposo no entendía por qué mis amigos llegaban a nuestra casa un par de horas después de la invitación, o las varias veces que creyó que lo dejé plantado porque llegué tarde a nuestra cita... ¡incluyendo el día de nuestra boda! Nadie me había advertido que la costumbre de que la novia se retrase no es algo que se estila en este país.

Pero la puntualidad habla de excelencia y respeto. Respeto por el tiempo ajeno y por el compromiso adquirido. Demuestra que eres una persona confiable y que tu palabra cuenta. Si estudias el ejemplo de prominentes líderes y personas exitosas, verás que tienen esta como una de sus reglas de vida.

Un amigo decía sonriendo que «lo malo de ser puntual es que nadie más llega a tiempo para verlo». Pero tu compromiso de hacer las cosas a tiempo no debería ser condicional a la puntualidad de otros; tú eres responsable de tus propias decisiones. Tal vez tengas derecho a desperdiciar tu propio tiempo, pero no deberías hacerlo con el de alguien más. Como siempre digo: «Es mejor llegar diez minutos temprano que un minuto tarde».

> La puntualidad habla de excelencia y respeto. Respeto por el tiempo ajeno y por el compromiso adquirido. Demuestra que eres una persona confiable y que tu palabra cuenta.

APASIONANTE

Por otra parte, es esencial que cuando digas que vas a hacer algo, lo cumplas. Si no vas a hacerlo, es mejor que seas honesto desde el inicio; otras personas están contando contigo. El cumplir con tu palabra habla no solo de tu personalidad sino de tu carácter. Cuando entendí este concepto hace ya varios años, decidí implementarlo en todo lo que hago, y los efectos no pudieron haber sido mejores. Inténtalo y tú mismo podrás comprobar los resultados, tanto en tu satisfacción personal como en el concepto que otros tendrán de ti. El escritor Charles Dickens decía que nunca hubiera podido lograr nada importante en su vida sin puntualidad, orden, diligencia y la determinación de eliminar sus malos hábitos; hasta ahora, él es recordado como uno de los más grandes novelistas de la historia. Una lección digna de aprender.

No dejes para mañana...

Estoy segura de que puedes completar ese refrán. Todos lo hemos escuchado una y otra vez, y sin embargo, ¡cuántas veces decidimos dejar para más tarde, para la próxima semana o para «algún día» algo que sabemos que deberíamos hacer hoy! Ese patrón de comportamiento tiene un nombre: procrastinación.

Procrastinar es simplemente decidir postergar o posponer responsabilidades o actividades que deberías atender ahora, y sustituirlas por algo más agradable o menos importante.

Creo que no existe una persona que pueda decir que nunca le pasó. De vez en cuando, todos posponemos algo. Aquí te doy algunos ejemplos simples:

- Labores de casa: no lavar la ropa o los platos por ver un programa de televisión
- En la oficina: no responder un e-mail importante porque preferiste actualizar tu estatus en Facebook o enviar ese «último tuit»
- En tu propia vida: decidir ponerte en forma pero posponer constantemente ir al gimnasio por irte a tomar un helado

En estos y en casos similares, las consecuencias se van a hacer evidentes cuando te des cuenta de que tienes problemas de sobrepeso, que ese correo electrónico que no contestaste te costó la pérdida de un cliente o un problema con tu jefe, o que te tienes que poner la misma camiseta por tres días consecutivos o comer en un plato de papel, porque no encuentras otro que esté limpio.

Cuando procrastinar se convierte en un hábito que podría afectar tu productividad, tu reputación y hasta tu salud, es tiempo de ponerle un alto.

Mi hijito menor, Dylan, es un niño lleno de creatividad, buen humor y energía, quien no cesa de sorprenderme con su entusiasmo y responsabilidad. Entre sus muchas ocurrencias, usa una frase que aprendió y que me hace sonreír: «Si hoy tienes que comerte un gusano, hazlo temprano en la mañana. Y si tienes que comerte dos, ¡cómete primero el más grande!».

En otras palabras, si sabes que tienes que hacer algo que no quieres, hazlo pronto y sácalo del camino; y si tienes más de una responsabilidad, lidia primero con la más difícil.

Analiza entonces si la mala costumbre de dejar para mañana lo que puedes hacer hoy es algo que deberías eliminar de tu vida. Te mencioné también las malas costumbres de quejarnos, ser impuntuales o no cumplir con nuestros compromisos. Todos tenemos algo que mejorar, y creo firmemente que con persistencia y determinación, podrás lograr eliminar tus malos hábitos y empezar a cultivar los buenos... ¡Solo espero que no lo dejes para mañana!

> Cuando procrastinar se convierte en un hábito que podría afectar tu productividad, tu reputación y hasta tu salud, es tiempo de ponerle un alto.

> Si hoy tienes que comerte un gusano, hazlo temprano en la mañana. Y si tienes que comerte dos, ¡cómete primero el más grande!

Capítulo 16

ENMIENDA

El perdón es la fragancia que una violeta derrama sobre el talón que la aplastó.

—MARK TWAIN

SI MENCIONO LOS NOMBRES DE ROMEO Y JULIETA, ¿QUÉ ES LO primero que viene a tu mente? Generalmente, son sinónimos de una historia de amor imposible. Esta historia, que fue inspirada en una larga línea de romances trágicos, nació de la pluma del escritor William Shakespeare a finales del siglo quince, y desde entonces ha sido repetida, mencionada, traducida y dramatizada incontables veces. Lo que hace a este relato memorable, es que estos dos jóvenes enamorados terminaron trágicamente por causa del odio y rencor que existía entre sus familias: los Montesco y los Capuleto.

Aunque ese drama es solo el producto de la fértil imaginación de un escritor extraordinario, en la vida real existen situaciones similares, solo que sus consecuencias no desaparecen cuando se cierran las páginas de un libro. Un buen ejemplo es lo que ocurrió en West Virginia después de la época de la Guerra Civil, y que puede encontrarse en los anales de la historia de este estado.[1]

Atracción fatal

Rosse y John pensaban que estaban hechos el uno para el otro. El interés mutuo era evidente y poco a poco se fue transformando en amor. John le propuso hacerla su esposa. Rosse aceptó ilusionada.

Pero estos jóvenes tenían un problema. Un gran problema. Cada uno de ellos pertenecía a una de las dos familias más conocidas en la región. Cuando ellos eran niños, los padres de ambos habían servido juntos en el ejército, y aunque antes eran amigos, al retornar se percibía un resentimiento mutuo. Sea lo que haya sido lo que ocurrió entre ellos durante la guerra, había roto la amistad y creado un ambiente de rencor que ninguno de los dos se decidió a enmendar. Su orgullo era más fuerte que el perdón. Rivalidades y disputas menores eran comunes. Hasta que una tarde de verano, las cosas empeoraron por un motivo tan ridículo que, si no fuera porque está documentado como un suceso histórico, parecería la trama de una película barata.

Un día, el padre de Rosse estaba trabajando con sus empleados en la cosecha de sus campos, cuando vio de lejos una carreta que se dirigía al pueblo. Al acercarse, se dio cuenta de que se trataba del tío de John, quien iba de camino a la feria para vender unos cerdos.

Esto le llamó la atención; hacía ya varios días que algunos animales de su granja habían desaparecido, y al ver a los cerdos de cerca, se dio cuenta de que llevaban la marca de su propiedad. Como el hombre no aceptó la acusación del granjero, decidieron llevar el caso a la justicia. Sin embargo, cuando finalmente se presentó la situación frente a un juez, los cerdos ya se habían convertido en la cena para la familia del supuesto ladrón. Sin pruebas, no había un caso legal, y el único resultado del juicio fueron burdas amenazas a la salida de la corte.

> Las cosas empeoraron por un motivo tan ridículo que, si no fuera porque está documentado como un suceso histórico, parecería la trama de una película barata.

Por unos simples cerdos, la rivalidad que existía entre ambas familias se transformó en enemistad, la enemistad en rencor, y el rencor en odio. Y el odio dio lugar a una serie de eventos que resultaron en la muerte de decenas de miembros de ambos bandos, ya sea en peleas callejeras, emboscadas, ejecuciones ilegales, y hasta en una batalla campal con armas de fuego.

Años después, la relación entre John y Rosse solo sirvió para echar más leña al fuego. La historia de su amor imposible parece emular las palabras de Shakespeare: «... dos familias rivales igualmente nobles habían derramado por sus odios mutuos inculpada sangre. Sus inocentes hijos pagaron la pena de estos rencores, que trajeron su muerte y el fin de su triste amor».[2]

Estos jóvenes —y decenas de familiares inocentes— pagaron con sus propias vidas las consecuencias del odio y la mutua falta de perdón de sus padres. Esta es una batalla donde nunca hay ganadores. Pero cuando decidimos poner nuestros propios derechos y orgullo de lado, ofrecer nuestro perdón y enmendar la situación, los efectos van a ser también evidentes, pero con resultados diferentes.

> *Cuando decidimos poner nuestros propios derechos y orgullo de lado, ofrecer nuestro perdón y enmendar la situación, los efectos van a ser también evidentes.*
>
>

La plaza del pueblo

Cuentan que hace varios años en un pueblo de algún país latinoamericano, una muchacha llamada Guadalupe decidió irse de su casa. Guadalupe era joven, rebelde, faltaba el respeto constantemente y ya no quería someterse a las reglas de su familia. Al final y sin decir dónde encontrarla, partió del hogar, dejando el corazón de su madre destrozado.

Después de varios meses de buscarla sin éxito, la mamá de Guadalupe tuvo una idea: decidió poner un anuncio en el periódico. La nota simplemente decía:

Querida Lupita: vuelve a casa. Este domingo al medio día te estaré esperando en la plaza principal. Te amo. Firmado, tu mamá.

El domingo siguiente, la madre se preparó para ir a la plaza del pueblo. En su mente se agolpaban dudas y temores, pero también la esperanza de que su hija hubiera leído el mensaje y acudiría a su encuentro. Cuando se acercó a la plaza, su corazón brincó dentro del pecho. Allí estaba Guadalupe, sucia y desaliñada, y con una mirada de profundo remordimiento. Su madre se acercó, le secó las lágrimas, y dándole un abrazo simplemente le dijo: «Vámonos a casa, mi niña. No importa lo que hiciste, todo está perdonado. Empecemos de nuevo».

Imagínate, ¿qué hubiera sido de la vida de esta joven si su madre le hubiera guardado rencor? Tal vez pienses que ese resentimiento podría estar justificado; después de todo, Guadalupe lo merecía. Fue ella quien le faltó el respeto incontables veces, y quien al fin decidió abandonar el hogar, dejándola sola. Y a diferencia de la conocida historia de «el hijo pródigo», ni siquiera tomó la iniciativa de reconocer su falta y regresar a casa. Claramente la joven no merecía ese perdón.

Pero la sabia decisión de su mamá le ayudó a reconocer el error de sus caminos, sanó sus heridas y le dio una nueva oportunidad. Y piensa además que si su madre hubiera decidido alimentar ese resentimiento, tal vez ella misma hubiera pasado los últimos años de su vida en una prisión de soledad y amargura.

El amor cubre multitud de faltas. Ese amor incondicional es el que enmienda errores, renueva el corazón y ofrece una esperanza.

El poder del perdón

Escuché alguna vez que no perdonar a alguien es como tomar veneno poco a poco y esperar que el que muera sea tu enemigo. Este dicho popular parece ser confirmado por varios estudios que afirman que las personas que viven con amargura y falta de perdón se exponen no solo a problemas emocionales, como depresión, ansiedad y estrés, sino también físicos.

> El amor cubre multitud de faltas. Ese amor incondicional es el que enmienda errores, renueva el corazón y ofrece una esperanza.

Por ejemplo, un estudio realizado por el Departamento de Medicina de la Universidad de Harvard demostró que existe un vínculo comprobado entre las personas que guardan rencor y las afecciones cardiacas, alto nivel de presión arterial, úlceras, insomnio, dolores musculares, artritis, y varias otras dificultades de salud.[3]

En la segunda parte de este estudio, un grupo de estas personas accedió a lidiar con su problema con la ayuda de psicólogos, consejeros, pastores o amigos. Luego de un tiempo de haber decidido perdonar, todos manifestaron una notable mejoría en sus síntomas.

La salud física es un buen incentivo, pero creo que lo más importante es lo que ocurre en nuestro interior. Quiero pedirte que tomes un momento y examines tu corazón. ¿Guardas rencor por alguien o por algo? ¿Te es difícil perdonar? ¿Dejaste que la amargura echara raíz en tu alma? ¿O tal vez eres tú quien necesita pedir perdón a un amigo, a un familiar, a ti mismo o a Dios?

Si somos sinceros, debemos admitir que todos hemos sentido alguna vez resentimiento en nuestro corazón. Es naturaleza humana reaccionar de esta manera ante una injusticia, ataque, ofensa o traición, ya sea mayor o insignificante, voluntario o no. Pero lo que haces con ese sentimiento es tu decisión:

depende de ti dejar que el agua del perdón lo extinga, o echarle más leña al fuego de tu rencor. Y no esperes a que la persona que te ofendió te pida que la perdones; en muchas ocasiones, eso nunca pasa.

> Dicen que al perdonar se rompen las cadenas, y al final podrías descubrir que el prisionero eras tú.
>
>

Pero dicen que al perdonar se rompen las cadenas, y al final podrías descubrir que el prisionero eras tú.

No importa en qué posición estés, la de pedir perdón o la de otorgarlo; no dejes que pase un día más sin que lo hagas. Quién sabe, mañana podría ser demasiado tarde. La vida pasa tan rápido y en un abrir y cerrar de ojos aquellos a quienes amas tal vez ya no estén a tu lado. Recuerda que pedir o dar perdón reside en ti, no en la otra persona, y no siempre significa que la relación va a ser restablecida. Pero en el momento que tomes esta decisión sentirás libertad.

No dejes que sentimientos nocivos echen raíz en la fértil tierra de tu alma. El perdón no va a cambiar tu pasado, pero sí tu futuro.

Perdona. Sana. Restaura. Enmienda.

> No dejes que sentimientos nocivos echen raíz en la fértil tierra de tu alma. El perdón no va a cambiar tu pasado, pero sí tu futuro.
>
>

¿Recuerdas a Guadalupe, de quien te hablé hace un momento? Pues la historia no termina allí.

Después de que madre e hija se reencontraron y abrazaron, la mamá de Guadalupe se dio cuenta de que otras cinco jovencitas las miraban con lágrimas en los ojos. Y cuál sería su sorpresa al enterarse que todas ellas se llamaban Lupita, y que al leer el anuncio en el periódico, habían también ido a la plaza del pueblo en busca del perdón de sus mamás.

Capítulo 17

ESPARCE

La fragancia de las flores se esparce solamente en la dirección del
viento. Pero el aroma de la bondad de una persona se esparce en todas
las direcciones.

—KAUTILIA

Un simple ingrediente

Cuando se habla de aromas, generalmente se piensa en flores o en perfumes, pero si tienes hambre, seguramente lo primero que te viene a la mente es comida. Tal vez se te haga agua la boca al recordar el olor de tu plato favorito; en mi opinión, pocas cosas se comparan al de un buen asado a la parrilla.

Creo que para cocinar hay que tener talento. Yo nunca aprendí a hacerlo en casa, porque —como ocurre en muchos de nuestros países latinoamericanos— casi siempre pudimos contratar a una cocinera. En Estados Unidos la situación es muy diferente y resultaría carísimo hacerlo, así que tuve que arreglármelas como pude durante mis primeros años de matrimonio. Después de mis primeros intentos en la cocina, pensé en escribir un libro titulado: «Las peores recetas que nunca deberías preparar». Mi pobre esposo tuvo que comerse por un tiempo mis experimentos, pero nunca se quejó, y muchas veces intentó ayudarme. Ahora no soy un chef, pero creo que no lo hago tan mal.

Hace unos años, encontré la receta de un delicioso plato típico de mi país que no había comido en mucho tiempo. Decidimos prepararlo e invitar a un par de amigos a quienes les gusta la comida internacional. Quienes no conozcan la cocina boliviana se sorprenderían al ver la canti-

> No siempre las cosas son lo que parecen ser y un simple ingrediente puede hacer una gran diferencia.
>
>

dad de especias, condimentos, chiles y ajíes que forman parte de muchos platillos de su gastronomía, y este no era la excepción. (Mis amigos mexicanos: ¡no crean que ustedes son los únicos a quienes les gusta la comida picante!)

Como obviamente no pudimos encontrar los ingredientes y condimentos exactos, compramos los que nos parecieron similares. Receta en mano, cortamos, pelamos, freímos y sazonamos, siguiendo al pie de la letra las instrucciones. Mientras el guisado hervía, un delicioso aroma se esparcía por toda la casa, y todos estábamos ya impacientes por disfrutar de la cena.

Lo que ocurrió después pasó tan rápido, que casi no recuerdo los detalles. Lo que sí recuerdo es que, después de probar la primera cucharada, el agua de los vasos desapareció de un golpe en las gargantas de nuestros invitados, y todos nos levantamos corriendo hacia el baño o la cocina, tratando de enjuagarnos la boca. ¡Parecía que me había tomado una cucharada de fuego candente! Ni siquiera mi esposo, que está acostumbrado a sabores fuertes porque vivió en diferentes países mientras estaba en el ejército, pudo soportarlo. Era una escena que podría haber ganado el premio mayor en un programa de vídeos graciosos.

Lo que descubrimos después, es que cuando remplazamos algunos ingredientes, no nos dimos cuenta de que uno de ellos era muchísimo más picante que el que pedía la receta. Hasta tenía una advertencia en la etiqueta —que por supuesto no leímos— de que nunca se debería usar más de un cuarto de cucharilla... ¡y nosotros le pusimos media taza! Aunque se veía igual, tenía el mismo aroma y color, aprendimos que no siempre las cosas son lo que parecen ser y un simple ingrediente puede hacer una gran diferencia. Ni siquiera añadiendo agua a la olla pudimos rescatar nuestro guisado. Terminamos ordenando una pizza.

El chef de las estrellas

Alguien que sí sabe de cocina, y del más alto nivel, es mi amigo Pedro Alaniz. Ya sea como invitado de programas matutinos en las mejores cadenas de televisión en inglés y español, a través de su propio programa «Sabores del Mundo», o en los restaurantes donde participa, miles de personas pueden apreciar su talento y degustar sus delicias culinarias.

Pedro ha sido invitado a la Casa Blanca, ha viajado a varios países para cocinar en importantes eventos y para personajes ilustres, sus restaurantes reciben a grandes estrellas de la música y el espectáculo, y tiene credenciales de las instituciones más respetadas a nivel internacional. Pero el aroma que Pedro esparce no proviene principalmente de los deliciosos platillos que prepara, sino de un corazón sencillo y agradecido. Nunca olvida que hace algunos años, literalmente ni siquiera tenía un techo sobre su cabeza.

Pedro nació en una humilde casa de adobe en un rancho, y siempre sintió la carga de ayudar a sus padres y a sus once hermanos. Para hacerlo, llegó a California y trabajó en la dura labor de cosecha en los campos y sembradíos. Muchas veces tuvo que dormir a la intemperie porque no contaba con un lugar donde vivir. Tenía solo quince años.

Mientras continuaba realizando varios oficios, un día encontró trabajo en un restaurante como lavaplatos. Fue allí donde su destino cambió. En poco tiempo empezó a trabajar en la cocina, y su ardua labor y deseo de hacer las cosas con excelencia llamaron la atención de un prestigioso chef, quien lo tomó bajo su cuidado y le enseñó los secretos de su profesión. De allí en adelante, Pedro ganó la reputación de ser un excelente aprendiz y colaborador, y tuvo la oportunidad de trabajar en diferentes restaurantes junto a renombrados chefs y reposteros que vieron su potencial y le tendieron una mano.

Unos años después, se le presentó una oportunidad poco común: le ofrecieron una beca para estudiar en una de las mejores escuelas culinarias, el Cordon Bleu de París. La experiencia adquirida en Francia coronó sus años de esfuerzo y le abrió aun más oportunidades, como ser dueño de varios restaurantes y convertirse en una popular figura pública.

Sin embargo, pese al alto nivel que ha alcanzado, Pedro mantiene una sencillez poco común en el círculo en el que se desenvuelve. Dice él que su fe en Dios siempre lo impulsó a seguir adelante, y su amor por su familia nunca le dejó olvidar la razón por la cual empezó con esta aventura. Y eso es, precisamente, lo que hizo en el transcurso de los años, siempre alentándolos a superarse y hasta pagando por sus estudios universitarios. Con orgullo dice que es la primera generación en la que hay varios «licenciados» en su familia. Además, transmite sus conocimientos como instructor de talentosos jóvenes que quieren seguir sus pasos.

Cuando le pregunté cuál era la satisfacción más grande de su carrera, sonrió.

«Por supuesto que una de las cosas que me llena de orgullo es haber sido invitado a la Casa Blanca y cocinar para el Presidente de Estados Unidos —me dijo, mientras me mostraba la fotografía en la que ambos se encontraban juntos—. Pero, si te voy a ser honesto, tengo que decirte que la satisfacción más grande que recuerdo es haber cocinado para dos mil personas en un albergue para familias sin hogar».

Conociendo sus logros pero también su humildad, no debería haberme sorprendido con esa respuesta. En su vida, la sencillez, la dedicación y el deseo de ayudar a otros son los mejores ingredientes.

Zanahorias, huevos y café

Al hablar de cocina, recordé una linda historia que siempre comparto en mis conferencias, y estoy segura de que será de tu interés.

Verónica regresó a casa después de un pesado día, y como todas las tardes, encontró a su madre a punto de preparar la cena. Agobiada por sus problemas en la universidad y en el trabajo, se sentó a un lado de la mesa y, una vez más, comenzó la perorata.

«¡Parece que nada me sale bien en la vida!», era su continua queja. «Todos los días me encuentro con un nuevo problema. Las cosas van de mal en peor en todo lo que hago. Mamá, ¡hay veces que de verdad quiero darme por vencida!».

Mientras Verónica daba rienda suelta a sus frustraciones, su madre sacó tres cacerolas y las llenó de agua. En una puso un manojo de zanahorias, en la otra, media docena de huevos, y en la tercera, un puñado de granos de café. Y con esto, encendió el fuego y las puso a hervir, sin decir palabra. Extrañada por tan inusual combinación de ingredientes, la joven paró de hablar por un momento, pero pronto siguió con su plática. Al cabo de unos veinte minutos, la mamá retiró las cacerolas del fuego y vació las zanahorias, los huevos y el café en tres tazones diferentes. A esto, la curiosidad de Verónica pudo más que su frustración.

—¿Mamá, ¿qué estás haciendo?

—Dime, hija, ¿qué es lo que ves aquí? —replicó la madre.

—¡Pues zanahorias, huevos y café! —respondió Verónica un tanto molesta por la pregunta tan obvia.

Ignorando su enfado, la madre le pidió que se acercara a la mesa, y que cuidadosamente tocara las zanahorias y le dijera lo que pensaba. Verónica no entendía de qué se trataba, pero lo hizo.

—Están blandas, parece que se van a deshacer entre mis dedos.

—¿Y los huevos? Sácales la cáscara y dime qué ves.

—¡Por supuesto que están duros!

Por último, le sirvió una taza de café. Verónica tomó la taza entre sus manos y disfrutó de su aroma y su rico sabor. Con esto, se calmó un poco y preguntó.

—Mamá, estoy confundida. Dime qué significa todo esto.

—Hija, quiero que prestes atención a algo importante —comenzó a explicarle su madre—. Las zanahorias, los huevos y el café enfrentaron la misma adversidad: el agua hirviendo, pero cada uno reaccionó en forma diferente.

Las zanahorias eran firmes y duras, pero después de soportar el agua hirviendo se volvieron débiles y fáciles de deshacer.

Los huevos tenían un interior líquido y claro, pero salieron del agua endurecidos por dentro.

Sin embargo, los granos de café son únicos. Después de estar en el agua hirviendo, no cambiaron, sino que transformaron el agua.[1]

Las sabias palabras de su madre ayudaron a esta joven a ver la vida de forma diferente, y creo que también podrían ayudarte a analizar tus propias circunstancias. ¿Con cuál de estos tres elementos te identificas? ¿Cómo vas a reaccionar cuando la adversidad llame a tu puerta?

Podrías ser como la zanahoria, que empieza fuerte, pero los problemas logran debilitarla y la desmoronan; o como un huevo duro, que por fuera se ve igual, pero por dentro termina con un corazón endurecido y amargado. O puedes decidir ser como un grano de café, que cambia sus circunstancias adversas en algo bueno y agradable.

Las situaciones difíciles son parte de la vida y, por supuesto, que podrían afectarnos; después de todo, somos seres humanos. Pero cuando sientas que todo te oprime y tus circunstancias te ahogan, piensa en esto: cuando los granos de café son triturados, y el agua alcanza el punto de

> Los granos de café son únicos. Después de estar en el agua hirviendo, no cambiaron, sino que transformaron el agua.

> Con la ayuda de Dios y
> la de la gente que te ama,
> puedes soportar y
> aprender de tus pruebas,
> transformar tu entorno y
> esparcir un delicioso
> aroma de esperanza.

ebullición, es cuando se puede apreciar su mejor aroma y sabor. Yo he comprobado en mi propia vida que con la ayuda de Dios y la de la gente que te ama, puedes soportar y aprender de tus pruebas, transformar tu entorno y esparcir un delicioso aroma de esperanza.

En la puerta de mi casa hay un precioso árbol de magnolias, que pierde completamente sus hojas y flores en el crudo invierno. Pero cada primavera, parece volver a la vida, y el aroma que esparce me inspiró a escribir este poema.

Magnolias

La fragancia se permea a través de mi ventana
ocurre una vez al año, y de forma inesperada
desde un día para el otro, esos capullos dormidos
se despiertan a la vida, renovando mis sentidos

Hace solo un par de días, quién lo hubiera anticipado
el árbol estaba firme, saludable, bien plantado,
con las ramas extendidas, las hojas verdes, serenas...
pero le faltaba algo que corría por sus venas

Le faltaba un complemento, le faltaba poesía,
le faltaba darse cuenta de que al inicio de sus días
fue creado íntimamente con flores y con color...
le faltaba la belleza que solo brinda un amor

Y se despertó a la vida, renovando sus sentidos
y los vertió por completo en la flor de sus latidos
con la blancura exquisita de un amor inesperado
que se percibe infinito, correspondido, deseado...

Ese árbol de magnolias en la puerta de mi casa
con aquellas flores blancas impregnadas de tisú
y con la dulce fragancia que embelesa mi partida
casi completa mi vida. Tan solo me faltas tú.

Capítulo 18

EJERCE

Publicidad es el arte de convencer a las personas a que gasten dinero
que no tienen para comprar lo que no necesitan.

—WILL ROGERS

¿Necesidades o necedades?

En uno de mis viajes olvidé llevar un libro para leer durante el vuelo, así que me puse a revisar las revistas que ponen en la parte delantera de cada asiento en el avión. Una de ellas estaba dedicada exclusivamente a mostrar y vender todo tipo de productos que eran descritos como interesantes y novedosos. La revista afirmaba que, después de adquirirlos, el comprador no podría explicarse cómo había podido vivir sin ellos.

Si bien algunos eran relativamente útiles, la gran mayoría me hicieron sonreír. Por ejemplo, si necesitas una estatua de un tigre tamaño natural (¡sí, dije tigre!) que ruge cuando alguien se acerca a tu puerta, unos zapatones en forma de perrito que ladran con cada paso que das, o un reloj despertador aromático que emite olor a tocino a la hora de levantarse, avísame y te mando la información. Solo que prepárate a pagar el alto precio que piden por cada uno. ¡Ah!, ¡y no se aceptan devoluciones!

Espero que estés de acuerdo conmigo en que todas estas no son *necesidades*, sino *necedades*. Cosas como estas generalmente terminan en la basura o en un cajón empolvado.

La gran diferencia que hace una palabra

«Mamá, necesito un teléfono celular, ¿o no quieres que tenga amigos?».

«Papá, cómprame el último videojuego. ¡Todos mis compañeros lo tienen!».

«Necesito algo para divertirme en casa, no hay nada que hacer aquí... ¡estoy tan aburrida!».

«¡Si no consigo boletos para el concierto me voy a morir!».

Requerimientos y exigencias como estos son comunes en la mayoría de las familias que tienen hijos. Pese a nuestras mejores intenciones, la presión de los amigos y la sociedad van a influir en ellos de una u otra manera.

Pero si somos sinceros, en muchas ocasiones —más de las que quisiéramos admitir— nosotros también caemos en el mismo juego, ya sea que lo expresemos en voz alta o no. Por ejemplo, responde sinceramente: ¿necesitas un auto nuevo? ¿Quisieras una computadora más moderna? ¿Te gustaría tener una casa más grande? ¿O el último teléfono celular? ¿O tal vez salir de vacaciones? Pues si te sirve de consuelo, no eres el único.

> Cada una de estas cosas no son necesidades; son simplemente deseos. Tu hijo no necesita un teléfono para tener amigos ni tu hija se va a morir si no va a un concierto. Y tal vez, ellos piensan de esa manera porque también están aprendiendo de ti.

Cuando me invitan a dar conferencias y a participar en congresos o talleres, me gusta mucho interactuar con el público. Sin importar el país o región, cuando pido que levanten la mano quienes necesitan las cosas que te acabo de mencionar, casi todos los brazos siempre van para arriba. ¡Y prefiero no decir cuántas manos se levantan cuando, bromeando, pregunto a las damas si necesitan un esposo nuevo!

Lo que pasa es que nos hemos acostumbrado a hablar mal.

Si te das cuenta, cada una de estas cosas no son necesidades; son simplemente deseos. Tu hijo no necesita un teléfono para tener amigos ni tu hija se va a morir si no va a un concierto. Y tal vez, ellos piensan de esa manera porque también están aprendiendo de ti.

Entonces, es tiempo de cambiar la forma de expresarnos. En vez de decir «necesito», deberíamos decir «quiero».

Inténtalo:

- «*Quiero* un teléfono celular».
- «*Quiero* una computadora».
- «*Quiero* salir de viaje».
- «*Quiero* un automóvil».

La diferencia es muy grande, ¿no crees? Una simple palabra puede cambiar completamente tu percepción de la situación.

Por supuesto que existen algunas cosas que realmente son necesidades. Por ejemplo, todos necesitamos techo, comida y abrigo. Pero no necesitas una mansión, manjares exóticos o un abrigo de pieles. Además, si te das cuenta, lo que generalmente se menciona al referirse a necesidades son las cosas materiales, cuando en realidad lo que tiene más valor no viene acompañado de una etiqueta con el precio, ¿no crees?

> Es importante tener recordatorios visuales para poder implementar un cambio o un nuevo concepto.

En mi caso, resolví la situación de una manera muy simple: coloqué dos cartelitos en la sala de mi casa con estas dos simples palabras: «Necesito» y «Quiero». Creo que es importante tener recordatorios visuales para poder implementar un cambio o un nuevo concepto. De allí en adelante, cada vez que mi mente empieza a pensar en algo que me gustaría tener, o cada vez que mis niños —o mi esposo— me dicen «mamá, necesito...», yo simplemente apunto a los cartelitos, e inmediatamente la petición se convierte en «mamá, quiero...». Basta decir que más de una vez dieron la vuelta sin terminar de decirme lo que habían venido a pedir.

> Nuestras necesidades no son tantas como pensamos, y uno puede vivir sin muchas cosas materiales y aun así tener un corazón agradecido y contento.

Creo que día a día podemos darnos cuenta de que nuestras necesidades no son tantas como pensamos, y que uno puede vivir sin muchas cosas materiales y aun así tener un corazón agradecido y contento. Lo comprobé en mi propia vida, y sé que tú también puedes hacerlo.

Lo que sí es necesario, es aprender a ejercer el control en la forma de manejar nuestras finanzas.

¡No lo pude resistir!

Tal vez tú estés acostumbrado a comprar por impulso o cuando encuentras una «oferta irresistible», y justifiques tu forma de pensar diciendo que es difícil luchar contra el constante bombardeo de la sociedad moderna que nos empuja al consumismo. Tienes razón. Parecería que no podemos prender la televisión, computadora, radio o caminar por las calles sin estar constantemente tentados con todo tipo de productos que supuestamente harán nuestra vida más fácil y placentera. Pero recuerda que no es sabio dejarse llevar por la emoción de una compra impulsiva. Podrías arriesgar no solo tus finanzas, sino también tu estabilidad familiar y emocional.

Estadísticas demuestran que una gran mayoría de los problemas entre pareja tienen que ver con el dinero, y que las peleas que son causadas por situaciones económicas podrían determinar el éxito o el fracaso de una relación.[1] Mi esposo y yo tenemos una regla simple: decidimos ya hace años que ninguno de nosotros puede hacer una compra grande ni comprometerse a un gasto, sin previamente consultarlo con el otro y ambos estar de acuerdo. Eso nos ahorró muchos dolores de cabeza. Y hago hincapié en la palabra «previamente» para que no ocurran casos como el de una amiga a quien llamaré María. Y no te recomiendo hacer lo que ella hizo.

> *No es sabio dejarse llevar por la emoción de una compra impulsiva. Podrías arriesgar no solo tus finanzas, sino también tu estabilidad familiar y emocional.*

A María le encantan las compras. Cada vez que en la tienda ve algo nuevo o que le llama la atención, lo compra sin pensarlo dos veces. Ya en un par de ocasiones tuvo problemas con su esposo por sus gastos excesivos, así que le sugerí que implementara la regla que acabo de mencionar: «No hagas ninguna compra grande sin que tu esposo la apruebe y ambos estén de acuerdo», le dije.

Debí de haber sido más específica en mi consejo e incluir la palabra «previamente», porque la siguiente ocasión en la que ella vio algo que le llamó la atención ¡lo compró inmediatamente y lo tuvo escondido por un par de días! En ese tiempo, hizo lo posible por tratar a su esposo como un rey, dándole todos los gustos y atenciones.

Al cabo de unos días, le dijo, en un tono como que era algo sin mayor importancia: «Mi amor, ¿tú crees que podrías comprarme un collarcito nuevo que vi en la joyería?».

Su esposo, que estaba de muy buen humor por las constantes atenciones, le dijo: «Por supuesto, querida, este fin de semana podemos ir a verlo».

> No compres al crédito cosas que pierden valor con el tiempo, y no hagas compromisos económicos basándote en la falsa seguridad de algo que está fuera de tu control.

A lo que ella respondió, sacando la caja: «No va a ser necesario, mi amor. Como sé que estás tan ocupado y generalmente no tienes tiempo, ¡te ahorré el trabajo y ya me lo compré!».

Mejor no cuento como concluyó esa situación particular. Pero me alegra decir que ahora, después de meses de consejería y de aplicar cambios positivos en sus decisiones, María aprendió a ejercer dominio sobre sus finanzas y fortalecer su relación de pareja.

Compra ahora y sufre después

Otra de las trampas peligrosas en el manejo de tus finanzas es el famoso «compra ahora y paga después», que como muchos descubren, se podría convertir en «compra ahora y sufre después».

Un par de reglas básicas que quisiera que recuerdes son estas: no compres al crédito cosas que pierden valor con el tiempo, y no hagas compromisos económicos basándote en la falsa seguridad de algo que está fuera de tu control.

Por ejemplo, conozco a una familia que se fue de vacaciones en un crucero con un paquete completo que le costó varios miles de dólares. Confiaban que podrían pagarlo en un determinado número de meses. Disfrutaron de un lindo tiempo de diversión, pero lamentablemente, unas semanas después el esposo perdió su trabajo. Ahora, están atrapados en este compromiso, todavía pagando el costo y los intereses. Por supuesto, esta deuda extra puso un gran peso en su situación financiera y familiar. Ellos rompieron las dos reglas básicas que te acabo de mencionar: un viaje es algo que no incrementa de valor con el tiempo, y basaron ese gasto en la falsa seguridad del salario de un empleo que se perdió.

Entiendo la importancia de disfrutar y crear memorias, pero no es necesario gastar miles de dólares para lograrlo. Después de que yo renuncié a un excelente trabajo para dedicarle tiempo a mi familia, nuestra situación económica sufrió un gran cambio —como podrás verlo en los capítulos finales, cuando comparto parte de mi historia— pero siempre encontramos maneras creativas de disfrutar nuestro tiempo juntos.

Piensa, ¿compraste alguna vez algo que perdió su valor con el tiempo?

¿Valió la pena?

Entonces, en vez de comprar ahora y pagar después, es siempre mejor *ahorrar* ahora y comprar después. Esto es lo que hacían nuestros abuelos, y lo que aún se acostumbra en algunas ciudades y pueblos de nuestra Latinoamérica. Cuando yo era niña las tarjetas de crédito eran poco comunes, y si no había dinero para algo, no se compraba y punto. Ahora la situación es diferente, especialmente en las grandes ciudades, donde utilizar tarjetas y tener buen crédito es parte necesaria del manejo financiero. Si ese es tu caso, comprométete a utilizarlas solamente si pagas el saldo total al final del mes. De esa manera, aportarás al fortalecimiento de tu crédito bancario, y no tendrás que pagar ningún interés.

Decide hoy mismo implementar cambios en tu vida económica y ejercer dominio sobre tus finanzas. Existen organizaciones y herramientas que pueden ayudarte a hacerlo, como por ejemplo Finanzas con Propósito, una iniciativa de Enfoque a la Familia[2] o el Instituto para la Cultura Financiera,[3] con quienes tengo el placer de colaborar desde hace varios años. Y como decía el humorista Will Rogers en una de sus frases más célebres, enunciada a principios del siglo veinte y que continúa siendo realidad: ¡no gastes dinero que no tienes para comprar lo que no necesitas, para impresionar a gente que ni siquiera te cae bien!

> Decide hoy mismo implementar cambios en tu vida económica y ejercer dominio sobre tus finanzas. Existen organizaciones y herramientas que pueden ayudarte.

Capítulo 19

EDIFICA

Las piedras del fundamento de un éxito equilibrado son: honestidad, carácter, integridad, fe, amor y lealtad.

—ZIG ZIGLAR

Las cosas buenas que edificamos terminan edificándonos a nosotros mismos.

—JIM ROHN

Desastres naturales

Raza de Bronce. Así se llama uno de los libros que, cuando yo estaba en el colegio, formaba parte infaltable del pensum de literatura de casi todo joven en mi país. Con un estilo literario poético y refinado, Alcides Arguedas —historiador, diplomático y escritor boliviano— capturó la atención de sus lectores con esta novela. Entrelazada con una cautivante historia está la descripción de paisajes, situaciones y experiencias que formaron parte de la difícil y cruda realidad del indígena altiplánico en la época post colonial. Esta obra, publicada por primera vez en 1919, se convirtió en uno de los clásicos de la literatura boliviana y latinoamericana.[1]

Aunque ya son muchos años los que pasaron desde que leí este libro, recuerdo que en uno de sus capítulos se narra de vívida forma el efecto de los desastres naturales producidos por las copiosas lluvias y tormentas típicas en la región. Tristemente, esta es una realidad que todavía se vive en muchas ciudades de Latinoamérica y del mundo, como lo demuestra un reporte reciente.[2] En muchos de estos casos el agua satura la tierra, los ríos se desbordan y provocan inundaciones, o se producen deslizamientos y avalanchas de lodo fangoso que se lleva todo lo que está a su paso. El agua destruye viviendas, construcciones, cosechas y hasta vidas. Lamentablemente, parecería que últimamente estos y otros tipos de desastres naturales se están incrementando. No pasa una semana sin ver o escuchar noticias en las que se muestran las devastadoras consecuencias de alguna tormenta, terremoto u otra catástrofe natural, desde incidentes relativamente menores hasta desastres de increíble magnitud que afectan a decenas de miles de personas.

El fundamento es fundamental

Algo que me llamó la atención es que, después de que la furia de la naturaleza se calma, muchas veces se puede ver que algunas estructuras permanecen casi intactas, mientras que otras son completamente arrasadas. Me puse a investigar al respecto, y descubrí que —según estudios realizados— existen algunos factores principales que determinan esta diferencia, y el más importante es el fundamento.[3] Personalmente, opino que deberían haber sido de sentido común.

Basándome en los estudios, dividí estos factores en cinco categorías: calidad, conocimiento, cumplimiento, condiciones y cimientos.

1. La calidad de los materiales de construcción.
2. El conocimiento o asesoramiento profesional adecuado.
3. El cumplimiento de las reglas de arquitectura.
4. Las condiciones del terreno sobre el cual se edifica una vivienda.
5. Los cimientos o fundamento apropiados.

Esta fue la conclusión de esta investigación:

Las casas y construcciones que sufrieron daños más fuertes estaban en su mayoría sobre terrenos arcillosos, arenosos, o en áreas inapropiadas para la estabilidad de una construcción.

Los materiales utilizados eran generalmente de baja calidad.

No se contó con el asesoramiento profesional adecuado; los vecinos fueron muchas veces los «arquitectos» de sus propias casas y, por lo tanto, no cumplieron con las reglas básicas de diseño y seguridad.

Y por último, los cimientos no fueron planeados ni ejecutados apropiadamente.

En otras palabras, no existía un buen fundamento.

Estas conclusiones no son nada nuevas. La importancia de un fundamento apropiado como base principal de una construcción es reconocida desde hace siglos. Hace unos dos mil años, justamente se usó la comparación entre una casa construida sobre la roca y otra sobre la arena en una de las parábolas que Jesús contó a sus seguidores.

> La importancia de un fundamento apropiado como base principal de una construcción es reconocida desde hace siglos.
>
>

Tal vez tú no seas un arquitecto, albañil o maestro de obras, pero ¿te has puesto a pensar alguna vez en que todos estamos edificando algo? Y no me refiero a hacerlo con cemento y ladrillos. Con cada decisión que tomas, tú tienes el potencial de construir o derribar.

Si tu vida fuera un edificio...

Quiero sugerirte que hagamos un ejercicio de comparación. Piensa que tu vida es un edificio, y analicemos algunos de los factores de riesgo que mencionan los expertos.

Empecemos con los *materiales de construcción*

¿Son los que escoges día a día los mejores que puedes encontrar o te conformas con los de baja calidad?

Por ejemplo:

¿Cómo alimentas tu mente?

¿Qué tipo de películas, libros o música son las que ocupan tu tiempo?

¿Qué lenguaje utilizas o apruebas en tus conversaciones?

Y cuando estás en la Internet, ¿estás viendo o escribiendo cosas que te avergonzarían si tu esposo o esposa, hijos o amigos pudieran ver?

¿O tal vez estás dejando que alguna adicción tome poco a poco el control de tus decisiones?

Aunque los materiales baratos se vean bien por fuera, en el momento de la prueba no tendrán la eficacia necesaria para protegerte. Los materiales que elijas te ayudarán a crecer o podrían contribuir a tu caída.

Hablemos ahora de la *calidad del terreno*

¿Es la tierra firme, compacta y segura o está mezclada con arcilla o arena? Si alguna vez fuiste a la playa y construiste un castillo, seguramente te diste cuenta de que no dura por mucho tiempo; cuando lo toca el agua o el viento, más temprano que tarde se desmorona.

¿Estás edificando tu vida sobre algo que parece firme, pero en realidad es poco estable?

Por ejemplo, si tu jefe revisara las cuentas, ¿estaría justificado hasta el último centavo de la empresa?

Tal vez estés pensando: «¡Yo nunca tomaría ni una moneda que no me pertenezca!».

Quizás si hablamos de dinero tengas razón, pero ¿qué tal tu tiempo?

¿Estás robándole a tu lugar de trabajo, malgastando tiempo por el que te están pagando?

¿Eres una persona de integridad?

¿Estás mintiendo en tu declaración de impuestos?

¿Te prestaste dinero sabiendo que no ibas a pagarlo, o tal vez confiaste en una apuesta?

No dejes que malos hábitos o malas decisiones erosionen tu terreno. No hay almohada más suave que una conciencia tranquila.

Continuemos con el *asesoramiento adecuado*

¿Crees que lo sabes todo o tienes un corazón dispuesto a aprender?

¿Reconoces tus errores y escuchas a quienes pueden ayudarte?

¿Estás dispuesto a acudir a algún consejero, pastor o amigo que pueda darte una guía?

¿Eres lo suficientemente humilde como para aceptar que no seguiste las reglas y por eso estás pagando las consecuencias?

Recuerda que, por muy inteligente que seas, siempre va a existir alguien con más educación o experiencia que tú. Hay una gran diferencia entre conocimiento y sabiduría.

Por último, hablemos de los *cimientos*

Los cimientos son las estructuras que reciben todo el peso de la construcción, y deben ser lo suficientemente estables como para acomodarse a posibles movimientos de terreno, por lo que necesitan tener un fundamento sólido; en otras palabras, un cimiento es tan fuerte como su fundamento.

Un amigo arquitecto me explicó que las capas superficiales del suelo son generalmente poco firmes, y por lo tanto inadecuadas para ofrecer el soporte necesario. Es por eso que para encontrarlo se realizan excavaciones profundas hasta que poco a poco la tierra se torna más compacta y finalmente revela una capa de roca firme. Es allí donde se establecen los cimientos.

Piensa: ¿cuál es tu fundamento?

No importa si elegiste los materiales más caros, contrataste al mejor arquitecto o tienes una gran extensión de tierra. Si tu casa no está fundada sobre roca firme, cuando vengan los vientos de dificultades, problemas, tentaciones, enfermedades o pruebas, estarás en peligro de que todo se desmorone como una torre de naipes.

Decide construir en una base sólida, inamovible, que permita que tu vida permanezca firme ante las circunstancias más adversas.

Sé sabio. Edifica sobre la roca.

Capítulo 20

ENTUSIASMA

El entusiasmo es la posesión de más valor en el mundo. Tiene más peso que el dinero, el poder o la influencia.

—HENRY CHESTER

¿Emocional o emocionante?

Las emociones son parte de nuestra vida. Todos sentimos alegría, tristeza, enojo, frustración o felicidad. Pero las emociones o sentimientos pueden cambiar imprevistamente y por diferentes motivos. En ocasiones y si no eres cuidadoso, podrían llegar a controlar tu mente e influir en tus decisiones y en la manera en la que reaccionas ante las circunstancias que te rodean.

No es fácil trabajar o compartir la vida con alguien emocional; una persona cuya personalidad varía constantemente o cuyo carácter fluctúa llevado por la forma como se siente. Es como si fuera un barco sin ancla arrastrado por los vientos y las olas de un mar tormentoso. ¿Conoces a alguna persona emocional? ¿O... tal vez eres tú una de ellas?

> Una de las diferencias entre una persona **apasionada** y una **apasionante**, es que la primera es **emocional** y la segunda es **emocionante**.

Como dije al inicio de este libro, una de las diferencias entre una persona *apasionada* y una *apasionante*, es que la primera es *emocional* y la segunda es *emocionante.*

Una persona *emocional* no tiene estabilidad, y debido a sus reacciones o decisiones imprevistas, tarde o temprano podría quedar sola.

Por otro lado, una persona *emocionante* inspira entusiasmo, atrae a otros y mueve a la acción.

Eso es, precisamente, lo que pensé la primera vez que conocí a Manny Mill. No dejes que el nombre te engañe; él es —en sus propias palabras— un cubano de pura cepa y derrocha un entusiasmo contagioso donde sea que se encuentre.

Manny —o Manolito, como él recuerda que lo llamaban cariñosamente sus padres— tiene una personalidad cálida y la pasión por la obra que realiza es evidente. Es el Fundador y Director Ejecutivo del Ministerio Nacional Casa Koinonía, una organización que equipa, asiste y apoya a miles de personas que desean reformar sus vidas y aportar productivamente a la sociedad, durante y después de cumplir su sentencia en cárceles y prisiones.[1]

¿Por qué un hombre distinguido y profesional como él, quien claramente podría tener una exitosa carrera en el mundo de los negocios, dedica su vida a esta misión? Porque, al igual que las personas que vienen a él para recibir ayuda, Manny también es un exconvicto.

El crimen perfecto

En su juventud, Manny fue un prominente hombre de negocios. Durante años tuvo una influyente presencia en el ámbito social y político de Nueva Jersey, y su nombre era sinónimo de éxito y diversión. Tenía talento, fama, fortuna, y una ambición insaciable. La vida le parecía sonreír.

Cuando me contó su historia —que también es narrada en su libro *Redención Radical*— me confesó que durante ese tiempo nada le importaba más que divertirse, ganar dinero, y conquistar a cualquier dama atractiva que le salía al paso.

«Era joven, popular y muy cotizado. Me rozaba con las grandes estrellas de la música, de la política y de la alta sociedad. Organizaba conciertos, cenas y cruceros, tenía cuatro autos último modelo, relojes caros, más de cien trajes y corbatas... ¡y hasta tenía cabello!», bromea, haciendo referencia al hecho de que ahora luce una cabeza despejada.

Pero fue precisamente esa ambición insaciable que lo había ayudado a llegar al lugar donde se encontraba, la que lo llevó a su perdición.

Manny aceptó formar parte de un fraude bancario que le daría acceso a miles de dólares. Sin embargo, pronto se dio cuenta de que no existe el crimen perfecto y cuando se enteró que el FBI estaba investigando el caso, decidió escapar. Toda la evidencia lo involucraba. Tomó a su hijo y se acercó a su esposa, quien estaba embarazada de su segundo bebé, y le dijo: «Mi amor, ¡prepara las maletas porque nos vamos de vacaciones!».

Con el dinero que estaba en sus manos fue de país en país junto a su familia, hasta que finalmente decidió quedarse a vivir en Venezuela. Pronto, se convirtió en el dueño de un reconocido restaurante de comida y música cubana, y logró que se convirtiera en uno de los centros de mayor atracción en la vida nocturna de Caracas. Nadie, ni siquiera su familia, sospechaba que ese carismático cubano estaba en la lista de los más buscados por el FBI.

> *Fue precisamente esa ambición insaciable que lo había ayudado a llegar al lugar donde se encontraba, la que lo llevó a su perdición.*

Transformación radical

Un par de años después, Manny recibió una llamada que cambió su vida. Sus padres finalmente se habían enterado de lo que él había hecho; los agentes federales les habían mostrado pruebas contundentes del robo y fraude y explicaron que enfrentaba una sentencia de hasta cincuenta años en prisión. Él trató de convencerlos de que no era cierto, pero lo que le dijo su padre hizo que cayera el telón de su acto.

Cuando Manny me contó su historia, y me dijo que aún recuerda vívidamente esa conversación, sus ojos se humedecieron.

«Mi papá simplemente me preguntó: "Entonces, Manolito, si me muero esta noche, ¿vas a poder venir libremente a mi entierro?"».

Finalmente sintió el peso de las consecuencias de sus actos. Imaginarse que nunca podría estar nuevamente al lado de sus padres, ni siquiera en su funeral, le abrió los ojos a la realidad de su situación. Y su madre, quien se encontraba escuchando la conversación en la otra línea, le habló de la necesidad de un arrepentimiento genuino, y del perdón que solo Dios puede ofrecer. Ese día, algo cambió en su interior.

La transformación fue tan genuina, que Manny decidió hacer algo que de otra manera nunca hubiera considerado: entregarse a las autoridades. Un par de semanas después, retornó a Estados Unidos. Tan pronto como puso un pie fuera del avión, fue detenido y esposado allí mismo en el aeropuerto.

> Manny tropezó en el camino, pero no dejó que ese tropiezo definiera el resto de su vida.

Después de declararse culpable, Manny fue sentenciado a tres años en prisión. Él considera que eso fue un milagro, siendo que enfrentaba la posibilidad de una sentencia mucho más severa.

Ya con la conciencia tranquila, su entusiasmo fue nuevamente evidente aun mientras pagaba su condena. Se transformó en un líder entre sus compañeros de prisión, siempre hablando de la importancia del arrepentimiento genuino y de una vida reformada. Un tiempo después, fue aceptado con una beca especial para formar parte de una reconocida institución educativa, y se graduó con una Licenciatura en Filosofía y otra en Letras y Teología.

Ahora, veinticinco años después, esa pasión continúa, y su mejor recompensa son las miles de vidas transformadas a través de la organización que dirige. Gracias a su ejemplo y entusiasmo, cientos de voluntarios se unieron a su causa. «No puedo dejar de compartir cómo Dios cambió mi vida», dice. Y añade: «Hay esperanza y un futuro».

Manny tropezó en el camino, pero no dejó que ese tropiezo definiera el resto de su vida.

Una piedra en el camino...

Justamente, esa popular canción de José Alfredo Jiménez que concluye con la frase «pero sigo siendo el rey» me recordó a un cuento popular que, aunque no tiene nada que ver con la letra de esta balada, habla precisamente de un rey y de una piedra en el camino.

Cuentan que hace años, los habitantes de un pequeño pueblo se presentaban constantemente delante del rey para hacerle conocer sus peticiones. Todos mostraban una total falta de interés y entusiasmo por la vida y nada parecía contentarlos. A veces se quejaban de que los campos no producían suficientes cosechas, y otras de que eran tantas que se echaban a perder; que llovía mucho, que llovía poco, que se les murió una vaca, o que no tenían lo suficiente para sobrevivir. Día tras día, el paciente rey escuchaba sus lamentos, sin poder hacer nada para ayudarlos porque las cosas de que se quejaban generalmente estaban fuera de su control.

Al sabio rey le parecía que lo único que hacía aquella gente era lamentar su miseria y no trabajar para cambiarla, así que un día, decidió hacer algo para ver cómo reaccionarían sus súbditos. Llamó a sus guardias y les dijo: «Esta noche, sin que nadie los vea, pongan una piedra grande en el camino de la aldea».

Al día siguiente, todos los que necesitaban entrar o salir del pueblo se encontraron con la enorme piedra en el camino principal. Algunos dieron vuelta atrás, otros prefirieron encontrar una senda diferente para llegar a su destino, varios se quejaron en voz alta de su mala fortuna y hasta hubo el temerario que pensó escalar la roca para pasar al otro lado. Todos reaccionaron de diferente manera, pero nadie hizo nada para quitarla de allí.

Al caer la noche, un joven caminaba de regreso a casa después de un largo día de trabajo. Al ver la piedra, inmediatamente pensó que lo mejor sería quitarla del camino. La empujó con toda su fuerza, pero no se movió ni un centímetro. Trató nuevamente, una y otra vez, sin mayores resultados.

Al cabo de unos minutos, se acercó un hombre que le dijo: «¿Tú crees que vas a poder mover semejante roca? ¡Estás perdiendo tu tiempo!».

A lo que el joven respondió:

«Entonces, ¿por qué no me ayudas? ¡Estoy seguro de que juntos podremos lograrlo!».

Impactado por su actitud y entusiasmo, el hombre decidió darle una mano. Después de un tiempo, apareció otra persona que ya había estado allí por la mañana, y al ver su esfuerzo, se unió a la causa. Luego llegó otra, y otra. El entusiasmo contagioso del joven fue convenciendo uno por uno a todos los que se acercaban, y sus palabras de ánimo los alentaban a no darse por vencidos.

Al fin, quedó demostrado que la unión hace la fuerza. Entre todos lograron empujar la enorme roca y despejaron el camino.

Mientras se felicitaban mutuamente por el éxito alcanzado, el joven se dio cuenta de que debajo del lugar donde había estado la piedra estaba enterrada una caja. Al abrirla, ¡cuál sería su sorpresa al ver que estaba llena de monedas de oro! Y dentro de la caja, encontró además una nota del puño y letra del rey, que decía:

«Esta recompensa es para aquel que haya tomado la decisión de remover la piedra del camino, y que haya podido convencer a los demás de que lo ayudaran. Esa persona demostró liderazgo, sabiduría y entusiasmo, y tengo para él un lugar entre los gobernantes de mi reino».

Piensa, ¿cuáles son los obstáculos en tu camino? ¿Cuál es, generalmente, tu actitud ante ellos? Recuerda que muchas veces, el esfuerzo que se requiere para eludir un problema es mayor que el que se necesita para tratar de resolverlo. El entusiasmo y la iniciativa siempre tienen una recompensa. Como dijo Tomás Watson, un hombre que empezó como un simple carpintero y terminó siendo reconocido como una de las personas más influyentes en mundo de los negocios como Director Ejecutivo de la compañía IBM: «Los grandes logros del ser humano no son solo el resultado de la trasmisión de ideas, sino también de entusiasmo».

> *Muchas veces, el esfuerzo que se requiere para eludir un problema es mayor que el que se necesita para tratar de resolverlo. El entusiasmo y la iniciativa siempre tienen una recompensa.*

Capítulo 21

ESTABLECE

Los límites existen para proteger la vida, no para limitar los placeres.

—EDWIN LOUIS COLE

El perro, el mono y la pantera

Cuentan que en una excursión de cacería, uno de los perros se apartó del grupo y terminó perdido en la selva. Mientras caminaba sin rumbo, olfateando todo lo que podía para tratar de encontrar el camino de regreso, se topó con una pila de huesos que seguramente pertenecían a algún desafortunado animal que cayó presa de un predador.

Continuó caminando aun más preocupado, hasta que de pronto vislumbró a lo lejos a un enorme animal escondido entre los arbustos. Era una pantera que se había dado cuenta de su presencia y se acercaba cautelosamente, lista para saltar al acecho. Aunque esta nunca antes había visto un perro, estaba segura de que podría convertirlo en su cena.

Casi paralizado por el miedo, el perro tuvo una idea. Pretendió no haber visto a su enemigo y retrocedió tranquilamente hacia los huesos, donde se puso a mordisquearlos y a relamerse con gusto mientras decía, en un tono lo suficientemente fuerte como para que todos lo oyeran: «¡Ah, qué rico estuvo todo! ¡La pantera que me acabo de comer estuvo deliciosa!».

Al escuchar semejante comentario, el felino decidió huir tan rápida y silenciosamente como pudo. ¡No se quería convertir en el segundo plato de ese extraño animal que, obviamente, se alimentaba de panteras!

Pero la historia no termina ahí.

> Los límites nos permiten conocer lo que nos pertenece y lo que no nos pertenece, lo que es nuestra responsabilidad y la que es de otros, y nos permite vivir una vida equilibrada y más sencilla.
>
>

Escondido en un árbol cercano, un mono curioso que había estado siguiendo al perro se dio cuenta exactamente de lo ocurrido. Para ganarse la amistad de la pantera y deshacerse del intruso, decidió ir en su búsqueda y contarle lo que había visto y oído. Furiosa por haber sido engañada, la pantera ruge: «Súbete a mi espalda, mono», le dijo. «¡Vamos a buscar a ese perro mañoso, y ahora veremos quién se come a quién!».

Cuando el perro vio a lo lejos que nuevamente se acercaba la pantera, esta vez con el simio en su espalda, se dio cuenta inmediatamente de que el pequeño entrometido le había contado todo y que su vida estaba en peligro.

«¿Y ahora qué hago?», se preguntó el pobre canino, asustado. Sabía que si salía corriendo o si enfrentaba a su adversario no tendría ningún chance de sobrevivir; la pantera era mucho más rápida y más fuerte que él. Entonces, una vez más usó el ingenio. Pretendiendo nuevamente que no había visto al animal, y dándole la espalda, se sentó tranquilo mientras decía en voz alta: «Me pregunto a qué hora va a volver mi amigo el mono... ¡Hace ya un buen tiempo que lo mandé a traerme otra pantera, y todavía no ha regresado!».

La moraleja que generalmente se atribuye a esta historia es que el ingenio podría salvarnos la vida, y que más vale maña que fuerza. Puede ser cierto. Pero creo que existe algo que este cuento ilustra y que es aun más importante: debemos aprender a reconocer los límites establecidos y no meternos en lo que no nos incumbe, o podríamos pagar las consecuencias. ¿O quién crees que resultó siendo la cena de la pantera?

La cerca de madera

Establecer límites es una parte integral para alcanzar el balance. Los límites nos permiten conocer lo que nos pertenece y lo que no nos pertenece, lo que es nuestra responsabilidad y la que es de otros, y nos permite vivir una vida equilibrada y más sencilla.

Cuando mi esposo y yo nos mudamos a la casa donde ahora vivimos, lo que más nos gustó es que la propiedad tenía un lindo y amplio jardín con vista a una laguna. En mi vecindario, cada dueño de casa es responsable de mantener su propiedad limpia y bien cuidada, y debe asegurarse de que las malezas no crezcan y que el pasto esté siempre bien podado. El gobierno municipal se encarga de las áreas comunes.

Pero de lo que nos dimos cuenta un par de semanas después de mudarnos, es que —como no existía una delimitación visible de nuestra propiedad— la compañía de jardinería contratada por la ciudad dejaba sin arreglar grandes espacios verdes que le correspondía atender. El mapa estaba claro; esa área no nos pertenecía, pero tratar de explicárselo cada semana a los diferentes obreros era desgastador. Así que optamos por hacerlo nosotros mismos, porque si no tomábamos el tiempo extra para podar el césped, cortar los arbustos y arrancar las malezas, nuestro jardín se veía descuidado y las plantas de cizaña se expandían rápidamente a nuestra propiedad.

> Si hablamos del área emocional, económica o espiritual, distinguir o establecer esos límites resulta más difícil, porque son virtualmente invisibles.

La situación continuó por un buen tiempo, hasta que decidimos hacer algo al respecto: instalamos una cerca de madera.

A la semana siguiente, el césped del otro lado de la cerca estaba perfectamente cortado, los arbustos podados y las malezas desaparecieron. Nunca más tuvimos que solicitar, explicar o preocuparnos al respecto. Los límites habían sido claramente establecidos.

Límites invisibles

En el mundo físico los límites son fáciles de distinguir. Una cerca, una pared, una línea divisoria o hasta una valla electrificada marcan claramente el inicio y el final de una propiedad, o muestran que es peligroso cruzar tal o cual línea. Pero si hablamos del área emocional, económica o espiritual, distinguir o establecer esos límites resulta más difícil, porque son virtualmente invisibles.

Como pasó en el caso de mi jardín, muchas veces asumimos responsabilidades que no nos corresponden. Razonamos que, si es que no lo hacemos nosotros mismos las cosas nunca saldrán bien o, peor aún, si no las hacemos nosotros, nadie las hará. En otras ocasiones, coqueteamos con un desastre económico o emocional porque ignoramos los límites de advertencia de una relación inapropiada, o de un gasto extremo que no es necesario. O caemos en la trampa de la deshonestidad al ignorar los límites de la verdad y un carácter íntegro.

En lo que a ti respecta, es necesario que establezcas tus límites claramente y a tiempo, antes de que tu vida o la de otros se vean afectadas en una forma negativa. Pero no solo es necesario establecerlos, sino también implementarlos, darlos a conocer, respetarlos y mantenerlos. De nada sirve tener un muro de protección alrededor de tu casa si es que existe un hoyo en la parte de atrás que permite la entrada y salida libre. Traspasar los linderos ajenos o dejar que otros lo hagan con los nuestros, siempre trae consecuencias.

Dos simples letras

Una de las maneras más simples y efectivas de establecer límites es utilizar la palabra NO. Muchas veces nos vemos envueltos en tantas actividades, compromisos y requerimientos que no nos queda tiempo po ni para respirar: un amigo nos pide un favor, un familiar espera algo de nosotros, una nueva actividad en la escuela de nuestros hijos o un proyecto en el trabajo requieren nuestra participación... y la lista continúa. Y si no hacemos lo esperado, algunas personas nos harán sentir culpables, o a veces nos condenamos a nosotros mismos.

> Recuerda que si queremos que otros respeten nuestros límites, debemos respetar los suyos.
>
>

La próxima vez que te encuentres en una situación similar recuerda que todo esto y más puede ser solucionado simplemente con estas dos simples letras: ene-o.

La palabra NO es confrontacional por naturaleza, así que debemos ser sabios en la manera en que la usamos. Añadir algo como:

«Lo siento mucho, no me va a ser posible involucrarme en un nuevo proyecto».

«Espero que entiendas que tenemos responsabilidades financieras en nuestro hogar y ya no vamos a poder aportar económicamente a esa causa» o,

«Discúlpame pero no puedo cuidar a tus niños nuevamente después de la escuela», podría suavizar la situación. Y no sientas que tienes que dar explicaciones o justificar tu decisión, a no ser que prefieras hacerlo. Por otra parte, recuerda que si queremos que otros respeten nuestros límites, debemos respetar los suyos.

Reacciones y emociones

Es probable que en un principio algunas reacciones no sean agradables, sobre todo si estás lidiando con personas inmaduras o egoístas. Lamentablemente, tal vez encuentres amigos o familiares que crean que merecen tu ayuda, que les debes algún favor, que deberías hacer algo por ellos porque son menos afortunados que tú, o que cuentan con tu participación sin habértelo consultado antes. Sin embargo, si mantienes tu posición de una manera respetuosa pero firme, poco a poco van a recibir el mensaje y verás cómo vas a tener más tiempo, tranquilidad, balance y paz interior. Es necesario ser realista al momento de evaluar los efectos de nuestros límites, sin dejar de establecerlos por temor a la reacción de los demás.

Quiero aclararte algo: no estoy diciendo que deberíamos negar favores constantemente si está en nuestras manos hacerlos, o que no ayudemos a otros cuando se encuentren en algún aprieto. Me refiero a establecer límites saludables con personas o situaciones que nos drenan y afectan emocionalmente. Esta decisión nos ayudará a involucrarnos de una manera efectiva en lo que realmente importa.

En el libro que precisamente lleva este nombre, *Límites,* los autores afirman que existen diez leyes que gobiernan el mundo de los

> *Establecer límites saludables es un ingrediente esencial para encontrar balance, vivir una vida más productiva, sentir paz interior y tener tiempo y energía para lo que realmente importa.*

límites.[1] Personalmente, creo que los principios que mencionan valen también para otras áreas de nuestra vida. Por ejemplo, si hablamos de la ley de la siembra y la cosecha o de la ley de la responsabilidad, podríamos poner como ejemplo que, si cada vez que tu hijo gasta más de lo debido tú sales al rescate pagando sus deudas, él nunca va a aprender la lección. O si tu hija reprueba un examen de la escuela por no haber estudiado, y tú mandas una nota al maestro con una excusa, no estás dejando que experimente las consecuencias naturales de su irresponsabilidad. En otras palabras, causa y efecto. En situaciones como esta no deberías esperar a que sea imperativo actuar, sino establecer las reglas claras y las delimitaciones antes de que sea necesario. Es más fácil construir una cerca cuando el terreno está vacío. En otras palabras, más vale prevenir que lamentar.

La realidad es que cualquiera que sea tu caso, establecer límites saludables es un ingrediente esencial para encontrar balance, vivir una vida más productiva, sentir paz interior y tener tiempo y energía para lo que realmente importa. Si todavía no lo hiciste, tal vez esto es algo que deberías poner en práctica a partir de hoy.

Una de las pocas cosas que no tiene límites es la imaginación. A través de estos versos, hablo de un utópico lugar que tal vez se encuentre escondido en la distancia.

Lontananza

Tiene que haber un lugar
escondido en lontananza
a donde se van los sueños,
ilusiones y esperanzas.
Donde residen intensas
palabras que lleva el viento,
los secretos y experiencias
que nos dejan sin aliento

Tiene que existir un puerto
donde utopías se anclen
con el eco de las ansias
en senderos impensables
Donde fábulas dormidas
se refugien en silencio
junto a anhelos impasibles
que jamás se sabrán ciertos

Una esfera en lo infinito
que capture inobjetable
las miradas encontradas,
la efusión inexplicable,
espejismos que se esfuman,
los suspiros impalpables,
las preguntas sin respuesta,
las dudas que nos invaden,
las melodías de siempre,
poemas incomparables,
las añoranzas de antaño,
las pasiones indomables,
las fantasías traviesas,
recuerdos inconfesables,
las quimeras inconclusas,
los castillos en el aire...

Y si ese lugar no existe,
me conformo con mirarte.

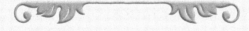

Capítulo 22

ESCOGE

Dame la serenidad de aceptar las cosas que no puedo cambiar, el valor de cambiar las cosas que puedo, y la sabiduría para conocer la diferencia.

—REINHOLD NIEBUHR

UNA VEZ ME CONTARON LA HISTORIA DE UN JOVEN QUE LLEGÓ AL cielo. Después de unos minutos, se acercó a un grupo de personas que estaban en una amena charla. El tema de la conversación giraba en torno a las cosas que habían hecho cuando estaban en la tierra, cosas que demostraban su valentía.

«Hace años yo era bombero, y rescaté a una familia entera de un edificio en llamas», dijo uno.

«En mi juventud», recordó otro, «yo estaba en el ejército, y ayudé a salvar la vida de uno de mis compañeros que cayó herido en batalla».

Y así, uno por uno, compartían los momentos en los que habían actuado con coraje y valor. Al ver al recién llegado, le preguntaron si él había hecho algo cuando estaba vivo que mereciera ser compartido.

«Bueno... solo puedo pensar en una cosa», les dijo. «Una noche, cuando volvía a casa, me encontré en el camino a un grupo de pandilleros que estaban a punto de robarle a una muchacha. Les advertí varias veces que la dejaran tranquila, pero no me hicieron caso. Entonces, me acerqué al líder de la pandilla, un tipo grandote y musculoso que tenía tatuajes en todo el cuerpo, le di una bofetada, y mirándole a los ojos, le grité para que todos me oyeran: "¡Si no dejas en paz a esta chica, te voy a dar la peor paliza que recibiste en tu vida!"».

Todos se quedaron impresionados con su historia. «¿Desafiar a alguien así? ¡Qué valentía! ¿Y cuándo pasó todo eso?». Y el muchacho respondió: «¡Hace solo unos minutos!».

Aunque este es solamente un chiste, en la vida real muchas veces las cosas no causan risa cuando no medimos las consecuencias de nuestros actos.

Escoge tus batallas

Me imagino que habrás escuchado alguna vez esta frase tan popular. Por lo general se la asocia con la crianza de los hijos o con las relaciones de pareja, pero con el transcurso de los años me di cuenta de que bien puede aplicarse a todas las áreas de nuestra vida. ¿No te parece que existen más que suficientes cosas importantes que causan estrés y frustración como para añadir otras sin motivo?

> En la vida real muchas veces las cosas no causan risa cuando no medimos las consecuencias de nuestros actos.

Dale Carnegie dijo: «Cualquier tonto puede criticar, quejarse o condenar, y la mayoría de los tontos lo hacen. Escoger tus batallas es fundamental y pelearlas limpiamente es esencial». Su filosofía de vida llevó a este hombre de ser un pobre granjero, a convertirse en el autor de uno de los libros más importantes de superación personal: *Cómo ganar amigos e influir sobre las personas*, que es considerado uno de los precursores en su género. Este libro vendió más de quince millones de copias, fue traducido a decenas de idiomas, y continúa siendo ampliamente popular a pesar de haber sido publicado por primera vez el año 1936.[1]

¿Conoces a alguien que siempre quiere tener la razón, que trata de provocar una discusión por cualquier motivo, o que arma un gran problema por pequeñeces? Me imagino que si conoces a una persona así, procurarás evitar su compañía tanto como te sea posible; por lo menos yo lo haría. Y si después de cavilar crees que no conoces a nadie con esas características, ¿será posible que otros tengan ese concepto de ti?

Tranquilo... ¡No pasa nada!

Es claro que van a existir situaciones en las que podría ser necesario discutir, confrontar o defender tu punto de vista. Por ejemplo, defender tus valores morales, proteger a alguien que no puede hacerlo por sí mismo o luchar en contra de alguna injusticia. No obstante, inclusive en esos casos hay que hacerlo con serenidad y entereza. El perder la compostura, levantar la voz o provocar un altercado nunca produce como resultado la resolución de un conflicto, por muy loable que sea la causa. El fin no siempre justifica los medios.

> *El perder la compostura, levantar la voz o provocar un altercado nunca produce como resultado la resolución de un conflicto, por muy loable que sea la causa.*
>
>

Sin embargo, si somos honestos, debemos reconocer que la gran mayoría de las cosas no son lo suficientemente relevantes, y pueden ser simplemente ignoradas o solucionadas de una manera más pacífica y efectiva. Cada día está lleno de oportunidades de poner en práctica este principio. Piensa que si escoges tus batallas sabiamente y decides no pelear por cosas que no son tan relevantes, podrás ser más efectivo en ganar aquellas que realmente importan.

> *Si escoges tus batallas sabiamente y decides no pelear por cosas que no son tan relevantes, podrás ser más efectivo en ganar aquellas que realmente importan.*
>
>

Esta es, precisamente, la esencia de un pequeño libro que me regalaron hace unos años. En *Don't Sweat The Small Stuff*, Richard Carlson plantea la premisa de que no debemos abrumarnos por las cosas que realmente no tienen importancia.[2] Como esa frase no tiene una traducción literal en nuestro idioma, el libro fue publicado en español como «No te ahogues en un vaso de agua». Personalmente no creo que ese título describa adecuadamente la intención original del autor, así que pregunté a algunos amigos bilingües qué opinaban. Entre las sugerencias que recibí están:

- No hagas una tormenta en un vaso de agua.
- No te preocupes por pequeñeces.
- Tranquilo... ¡no pasa nada!
- No traspires por pequeñas cosas

- Hakuna Matata, haciendo alusión al *Rey León*.
- Y a motivo de broma, hasta me sugirieron las palabras de uno de los superhéroes más queridos en Latinoamérica, el Chapulín Colorado: ¡que no panda el cúnico!

Con tantas buenas ideas, tal vez alguien debería luchar porque cambien el título de ese libro... pero esa es una batalla que a mí no me toca pelear.

La lección de las lombrices

Además de escoger nuestras batallas, todos tenemos la responsabilidad de escoger las cosas que influyen en nuestra vida, salud, carácter y decisiones. No siempre podemos controlar las circunstancias que nos rodean, pero deberíamos hacer lo posible por escoger aquello que nos edifica y desechar aquello que nos contamina.

No siempre podemos controlar las circunstancias que nos rodean, pero deberíamos hacer lo posible por escoger aquello que nos edifica y desechar aquello que nos contamina.

Un profesor llevó a cabo un interesante experimento en su clase de Ciencias Naturales. Para esto, colocó tres lombrices dentro de tres frascos separados:

- La primera lombriz en un frasco con alcohol.
- La segunda lombriz en un frasco con humo.
- Y la tercera lombriz en un frasco con tierra.

Después de un par de días, abrió los frascos para mostrar el resultado a sus alumnos.

La lombriz que estaba en el recipiente con alcohol estaba muerta.

La que estaba en el frasco con humo daba pocas señales de vida, pero finalmente también murió.

Pero al abrir el recipiente lleno de tierra, la tercera lombriz estaba vivita y coleando, y hasta lucía más gruesa y saludable.

«¿Cuál es la lección que podemos aprender de este experimento?», preguntó a sus alumnos. Y uno de ellos respondió:

«¡Mientras tomes y fumes no vas a tener lombrices!».

Obviamente este joven quiso hacer reír al resto de la clase. El punto de este ejemplo es demostrar que aquello que nos rodea tiene una influencia en nuestras vidas, influencia que eventualmente podría llegar a ser letal. En este caso, las pobres lombrices no tuvieron el poder de elección.

Pero tú sí lo tienes.

Tú puedes decidir involucrarte en cosas negativas o positivas, que te edifican o te destruyen, que alimentan tu alma o que consumen tu corazón. Si no lo hiciste todavía, te invito a leer o a revisar nuevamente el capítulo titulado «Edifica». Allí encontrarás ejemplos específicos que te ayudarán a escoger mejor, y preguntas que solo tú puedes responder.

Elige la tierra fértil. Escoge tus batallas sabiamente.

Capítulo 23

EVALÚA

Cambia tu manera de ver las cosas, y las cosas que ves van a cambiar.

—WAYNE W. DYER

CUANDO ESTABA DE NOVIA CON VAN, QUIEN ES AHORA MI ESPOSO, un día habíamos planeado encontrarnos en un restaurante con un grupo de amigos para pasar una agradable velada. Como yo me desocupé más temprano, decidí sorprenderlo y recogerlo de su departamento para ir juntos. Toqué el timbre y él me vio por el ojo de la puerta. Pero cuando no la abrió y me dijo: «*Give me a minute, please*» (dame un minuto, por favor), y escuché sus pasos rápidos en el interior de la casa, me di cuenta de que ocurría algo raro. Nunca había actuado de esa manera. ¿Por qué me estaba haciendo esperar? ¿Estaba tratando de esconder algo... o a alguien? Mi mente empezó a funcionar aceleradamente. Era un buen hombre, estábamos enamorados, pero después de todo, solo habíamos estado juntos unos cuantos meses.

Al fin, abrió la puerta. Trató de disimular, pero aún lo notaba un tanto nervioso.

«Para que una relación funcione tiene que haber confianza mutua», le dije en el poco inglés que yo hablaba en ese entonces. «Tú me estás tratando de esconder algo».

Finalmente me dijo: «*Baby*, tengo algo que mostrarte».

Me preparé para lo peor.

Entró a su habitación... y salió unos segundos después luciendo unos pesados anteojos de aumento, ¡los más horribles que hubiera podido imaginar! Se los habían dado en el ejército cuando estaba sirviendo con la armada de Estados Unidos. Tenían los bordes gruesos, negros, y el tamaño de los lentes hacía que sus ojos verdes casi desaparecieran en el fondo. Los lentes no estaban feos. ¡Estaban recontra-feos! Con razón estaba tratando de ocultarlos. Solo recordar ese día me hace sonreír. Pero te aseguro que suspiré de alivio.

> Lo que hace a un hombre —o a una mujer— atractivo, y lo que logra que las relaciones permanezcan, no tiene mucho que ver con el exterior.

Lo que ocurrió es que como llegué sin anunciarme lo pillé desprevenido. Al ver que yo estaba en la puerta, corrió a tratar de ponerse sus lentes de contacto, pero con el apuro y los nervios todo le salió mal mientras yo seguía esperando. Al final, se resignó a confesarme una de las cosas que él creía que eran importantes para mí y que afectaban su apariencia, cuando en realidad lo que hace a un hombre —o a una mujer— atractivo, y lo que logra que las relaciones permanezcan, no tiene mucho que ver con el exterior.

Cambios de percepción

Por mi parte, desde que era una adolescente también me prescribieron lentes de aumento. Como en mi profesión no es recomendable usar lentes convencionales al salir en televisión porque cambia la imagen pública del presentador o porque los vidrios podrían reflejar la luz hacia la cámara, tuve que optar por lentes de contacto. En una ocasión en la que no tuve tiempo de ponérmelos antes de salir al aire en vivo, para disimular el esfuerzo que hice para leer el *teleprompter*, tuve que sonreír más de lo necesario, entrecerrando los ojos. Me dijeron después que el nuevo camarógrafo se preguntó si mis sonrisas estaban dirigidas a él.

Volviendo a mi relato, después de ver los enormes lentes de mi esposo, la percepción de mi propio problema se minimizó. Comparada a él, yo sentía que tenía una vista de águila. Pese a haber comprado marcos nuevos que no se veían tan mal, el pobre se sentía tan incómodo con sus pesados lentes, que años después decidió someterse a una operación correctora con láser; era el candidato perfecto.

Y lógicamente, la percepción de mi situación nuevamente cambió. Comparativamente, ahora era yo la que no podía ver bien, la que necesitaba tiempo extra para ponerse los contactos, o quien se sentía incómoda con sus molestos lentes.

Presta atención a lo que ocurrió: mi *situación* no había cambiado, pero mi *percepción* sí. Y mi percepción cambió porque estaba comparando mis condiciones con las de otra persona.

Por otra parte, mi esposo estaba perplejo ante lo que estaba experimentando; un mundo que nunca había visto con tanta claridad. Ahora podía distinguir cada pequeño detalle, cada línea, cada rasgo, de cerca o de lejos. Algo que me dijo ese primer día, me quedó en la memoria: «¡No tenía idea de lo terrible que era mi visión! Ahora que veo con tanta nitidez puedo comparar y notar la diferencia». Allí me di cuenta de que él también había experimentado un cambio de percepción. El filósofo Thomas Kuhn bautizó este fenómeno como «cambio de paradigma».[1]

Todo es según el color del cristal con que se mira

Leí alguna vez que la percepción —o paradigma— se podría comparar precisamente con un par de anteojos. Cuando tienes una percepción incorrecta de ti mismo, de otras personas o del mundo que te rodea, es como usar lentes con la prescripción equivocada o con el matiz incorrecto; es como si te pusieras los lentes de tu abuelita, o gafas de sol en un día nublado. Me recuerda a los versos del poeta español Ramón de Campoamor que decía en sus *Humoradas*: «... en este mundo traidor nada es verdad ni es mentira, todo es según el color del cristal con que se mira».[2]

> Mi **situación** no había cambiado, pero mi **percepción** sí. Y mi percepción cambió porque estaba comparando mis condiciones con las de otra persona.

Piensa que cuando te comparas con otros nunca vas a lograr seguridad. Siempre va haber alguien con circunstancias, talentos o posesiones mejores o peores que los tuyos. Por otra parte, tampoco deberías basar tu valor ni tus decisiones en la percepción que otros podrían tener de ti; te guste o no, cada quien tiene derecho a su propia opinión, y muchas veces va a diferir de la tuya.

«No soy monedita de oro para caerle bien a todos», decía una compañera de trabajo, y la verdad es que ella no le caía bien a la mayoría de las personas en la oficina. Eso no es a lo que me refiero. Al contrario, creo que es importante tratar de mantener una buena reputación, tener sentido del humor y hacer las cosas con excelencia, honestidad y buen corazón. Sin embargo, es imposible llenar las expectativas de todas y cada una de las personas que nos rodean o que esperan algo de nosotros.

> Cuando te comparas con otros nunca vas a lograr seguridad. Siempre va haber alguien con circunstancias, talentos o posesiones mejores o peores que los tuyos.

Tenemos que aprender a marcar un límite o una línea divisoria saludable. Hablo en más profundidad de este tema en el capítulo titulado Establece; sin embargo, por ahora quiero contarte una proverbial historia. Tal vez ya la escuchaste, pero creo que explica este principio de una manera clara y fácil de recordar.

De burros y puentes

Un anciano y su nieto decidieron ir a la feria del pueblo para vender su burro. Como el camino era largo, el joven decidió subirse al animal mientras su abuelo lo guiaba. Al llegar a un poblado, un grupo de personas le dijo al joven: «¡Pero qué falta de consideración! Tu pobre abuelo va caminando mientras que tú, siendo tan joven, vas montado. ¡Debería darte vergüenza!».

Avergonzado, el muchacho se bajó del burro y ayudó al anciano a montarlo.

Después de un par de horas de camino, ven que se aproxima otro grupo de gente. Esta vez, reprenden al anciano por dejar que el joven vaya a pie. «Deberían aprovechar que tienen un animal tan fuerte», les dijo un hombre «Ambos podrían montarlo y el trayecto se haría más fácil para los dos».

Una vez más, decidieron hacer lo que otros esperaban de ellos. El joven se subió también al borrico, y ambos fueron lentamente cuesta arriba sobre el cansado animal.

> Es importante tratar de mantener una buena reputación, tener sentido del humor y hacer las cosas con excelencia, honestidad y buen corazón.

Al cabo de un tiempo llegaron a un puente, y cuando ya podían vislumbrar de lejos las luces de la feria del pueblo, otra persona les dijo: «¡Pobre animal, se lo ve tan cansado! Cuando lleguen a la feria no les van a dar ni dos monedas por él. Lo que deberían hacer es cargarlo ustedes sobre sus hombros para ayudarlo a descansar antes de venderlo».

Y ni cortos ni perezosos, el anciano y su nieto se bajaron del burro y trataron de levantar al pesado animal. ¡El pobre burro no entendía lo que estaba pasando! Y en medio del forcejeo, el animal perdió el equilibrio y ¡splash! cayó del puente y se lo llevó el río.

Creo que no necesito explicarte la moraleja de esta fábula.

La próxima vez que sientas que nada de lo que haces complace a otros, recuerda esta historia. Evalúa tus paradigmas y si es necesario, cámbialos. Toma tus propias decisiones basado en tus convicciones, principios y valores, y no en la opinión de los demás, especialmente si no te conocen bien o no tienen un interés personal en lo que te ocurra. No sea que te quedes sin burro y sin dinero.

> *Toma tus propias decisiones basado en tus convicciones, principios y valores, y no en la opinión de los demás.*

La percepción de nuestro entorno puede marcar una gran diferencia en nuestras emociones. Creo que este poema demuestra que la manera de ver las cosas puede cambiar cómo nos sentimos, aunque las circunstancias sean las mismas. En este caso, tan áridas como una solitaria tarde otoñal.

Otoño

Inexorablemente llegó el otoño...
entre los mudos árboles el viento arrasa
juntas, las hojas secas se alejan tristes
en una loca pugna desenfrenada
sin poder evitar hacia dónde llegan
sin poder decidir hasta cuándo vagan
simplemente se alejan, volando tristes
y pareciera que en ellas, mis añoranzas

Lánguidas ramas secas se yerguen solas
como pidiendo auxilio en la noche amarga
ofreciendo impotentes su tez al viento

que continúa impávido con su marcha
Cae la lluvia gris que lo cubre todo...
el campo, las hojas tristes, el agua clara,
las flores en los jardines, las azucenas,
mi canto, mis pensamientos, mis esperanzas...

Otoño, profundo otoño sobre mi alma
que empaña de vez en cuando mi risa clara
a veces llega sin causa, como a esta hora,
a veces trae consigo carga pesada
a veces se me transforma en un duro invierno
a veces pasa ligero, sin más nostalgia

¿Será que no veo cerca la primavera?
¿Será que siento tu ausencia sin procurarla?
¿Será que me envuelve el eco de un imposible?
¿Tal vez porque estás tan lejos, mi alma no canta?

Sacude tu letargo. Para.

¿Por qué te abates y desanimas en tus nostalgias?
Oye que el viento aciago no arrecia, sino que canta
Mira las hojas que no están tristes, sino que danzan
Vive los versos que se destilan en sus pisadas
Mira las ramas que no están secas, solo vacías
y un simple soplo, luz y tibieza va a retoñarlas

Siente la lluvia, ejecutando una melodía
mientras repica graciosamente en el agua clara
Mira las flores en los jardines que aún subsisten
Advierte pronto la cercanía de la alborada
Percibe dentro que desde lejos alguien te piensa
Siente profundo que en la distancia alguien te extraña...

Otoño viejo, sigue tu curso sin detenerte
que llevo adentro vida de sobra, y sé disfrutarla.

Capítulo 24

ENCUENTRA

La amistad es innecesaria, al igual que el arte o la filosofía. No tiene ningún valor de supervivencia. Más bien, es una de esas cosas que le da valor a sobrevivir.

—C. S. LEWIS

Gracias al esfuerzo de la búsqueda, es más dulce la alegría del encuentro.

—ANÓNIMO

DURANTE LA ÉPOCA OTOÑAL EN ESTADOS UNIDOS, ES MUY COMÚN encontrar anuncios para visitar festivales y ferias en áreas rurales alejadas de las grandes ciudades. Además de ofrecer excursiones a caballo, frutas y verduras frescas o paseos en tractor, una de las principales atracciones son los laberintos de plantas de maíz. Después de que las mazorcas son cosechadas, los granjeros locales transforman sus campos en gigantescos laberintos con creativos diseños, complicados desvíos, pasajes falsos y caminos sin salida. El que logró ingresar al libro de récord Guiness cubría más de cincuenta acres de terreno.[1]

Atraídos por los grandes premios que se ofrecen a quienes logren resolverlos en un tiempo determinado, las personas se embarcan en la aventura solo para descubrir que podrían pasar horas y horas dando vueltas. Cada rincón del camino se convierte en una trampa, el cansancio y la sed los agobia, y encontrar la verdadera salida resulta casi imposible.

El lugar que visité con un grupo de amigos no había roto ningún record, pero así y todo se veía imponente. Como buenos citadinos, no estábamos acostumbrados a los «peligros» de la vida rural, así que antes de atrevernos a ingresar al túnel rodeado de plantas mucho más altas que nosotros, mis amigos y yo bombardeamos al viejo granjero con un sinfín de preguntas:

«¿Qué hago si llego a un callejón sin salida?».

«Vuelve atrás y escoge un nuevo camino».

«¿Y si me pierdo?».

«Encuentra un mapa. Siempre hay direcciones en algunas esquinas del camino».

«¿Y si no lo encuentro?».

«Sigue a alguien que sepa lo que está haciendo». Ya el granjero se notaba algo malhumorado.

«¿Y si me separo del grupo y realmente no puedo encontrar la salida?», pregunté yo.

«¡Entonces, toca la campanita!».

Y con esto, me entregó una campana de metal. Si realmente me encontraba atrapada y confundida después de haberlo intentado todo, el sonido de la campanita iba a guiar al granjero o a alguno de sus ayudantes directamente al lugar donde yo estaba. Él había transitado sus veredas docenas de veces y conocía bien el camino; es más, había ayudado a construirlo. Sabía cuáles eran los callejones ciegos, podía reconocer las puertas falsas, y conocía las áreas de descanso y refrigerio. Y lo más importante, sabía cómo encontrar la salida.

> Sabía cuáles eran los callejones ciegos, podía reconocer las puertas falsas, y conocía las áreas de descanso y refrigerio. Y lo más importante, sabía cómo encontrar la salida.

Laberintos de la vida

¿Alguna vez te encontraste en una situación parecida? Quizás nunca tuviste la oportunidad de visitar literalmente un laberinto en un maizal, pero si te pones a pensar, tal vez existan remarcables similitudes con ciertas etapas de tu vida.

Por ejemplo, ¿te embarcaste en algún proyecto —ya fuera por emoción, curiosidad o la esperanza por los resultados prometidos— solo para darte cuenta de que no era lo que esperabas? Tal vez en algunas ocasiones pudiste retroceder sobre tus propios pasos y dar vuelta atrás, pero en la mayoría de los casos generalmente era muy tarde, y como resultado te sentiste atrapado y confundido.

No todos tenemos la sagacidad de Teseo, uno de los héroes de la mitología griega, quien para matar al Minotauro y poder encontrar el camino de regreso se le ocurrió marcar los túneles del laberinto de Creta con un hilo que le dio su prometida Ariadna. O como la historia infantil de los hermanitos Hansel y Gretel, quienes antes de adentrarse en el bosque marcaron el camino con migas de pan, para descubrir con horror que los pajaritos se las habían comido.

Como ves, antes de empezar un proyecto es importante prepararse, y aprender a medir las consecuencias previamente a tomar una decisión. Pero existen ocasiones en las que hasta la más completa planificación y las mejores intenciones no son suficientes.

Si ya te encuentras en el medio de lo que parece ser un laberinto sin salida, aprende de las simples pero sabias sugerencias del granjero: puedes dar marcha atrás, escoger una nueva ruta, encontrar dirección, seguir a alguien con experiencia, o pedir la ayuda de alguien que ya haya transitado el camino.

> Existen ocasiones en las que hasta la más completa planificación y las mejores intenciones no son suficientes.

La ropa sucia se lava en casa

Aunque te resulte difícil creerlo, no eres el primero ni el último que está atravesando por circunstancias como las tuyas. Ya sea que tus problemas sean grandes o pequeños, familiares o laborales, económicos o espirituales, o hasta tragedias que no tienen explicación, siempre existe alguien que puede darte una mano.

Creo firmemente que una de las razones por las que Dios permite que atravesemos por circunstancias difíciles es para que, una vez que nuestro carácter haya sido fortificado, podamos ayudar y guiar a otros y compartir nuestra experiencia. Es más fácil que alguien escuche tu consejo cuando sepa que tú también estuviste en sus zapatos.

Lamentablemente, muchos deciden no pedir ayuda cuando realmente la necesitan, e insisten en lidiar en soledad con sus propios problemas, inclusive cuando están claramente hundiéndose más y más en un hoyo sin fin. Me parece que podría ser simplemente un asunto de

> Es más fácil que alguien escuche tu consejo cuando sepa que tú también estuviste en sus zapatos.

orgullo. Estas personas no quieren que otras se enteren de lo que les pasa porque podría afectar su reputación, su imagen o la de su familia. El «qué dirán»
de la gente les importa más que hallar la solución.

«La ropa sucia se lava en casa» reza un dicho popular, pero hay veces que
esa ropa sucia nunca es lavada y al final se la tiene que tirar a la basura porque
ya no sirve para nada. No permitas que eso te ocurra.

Cuando hablo de pedir ayuda, no me refiero a contar todos los detalles
íntimos de tu vida a cualquiera, o a quejarte constantemente de lo que te pasa.

> Cuando hablo de pedir ayuda, no me refiero a contar todos los detalles íntimos de tu vida a cualquiera, o a quejarte constantemente de lo que te pasa.

Todos conocemos personas así; parecería que no
quieren en realidad encontrar una solución ni
poner en práctica los consejos que reciben, sino
que simplemente quieren llamar la atención.

Te hablo de encontrar a alguien de confianza, que sepa escucharte y ayudarte; alguien con
sabiduría, empatía y experiencia. Alguien de
quien puedas aprender. Muchas veces podemos
recurrir a consejeros, pastores, maestros o men-
tores quienes pueden darnos una mano. Personalmente, a lo largo de los años he tenido la
satisfacción de poder apoyar a muchas personas
que se han acercado a mí por un consejo, y cada semana tenemos decenas de
llamadas de quienes necesitan una cita con alguien del equipo de consejeros del
cual formo parte. Gracias a Dios hemos visto muchas vidas transformadas.

La familia que sí puedes elegir

> La ayuda más cercana, duradera y constante la puedes encontrar en quienes te conocen mejor: tus amigos. La amistad es el remedio seguro para aliviar cualquier pena.

Es necesario encontrar apoyo profesional adecuado, especialmente si tienes que lidiar con
situaciones mentales o emocionales complica-
das. Sin embargo, además de tu familia, para el
resto de las cosas que te afectan, la ayuda más
cercana, duradera y constante la puedes encontrar en quienes te conocen mejor: tus amigos. La
amistad es el remedio seguro para aliviar cualquier pena.

Sé cortés con todos, pero íntimo con pocos.
Y prueba bien a esos pocos antes de entregarles

tu completa confianza, decía George Washington. Existen viejas amistades de infancia y juventud con quienes tal vez mantienes el contacto, y otras nuevas que van llegando a medida que pasa el tiempo y tus circunstancias cambian. Amistades, podrían ser muchas, pero amigos, deben ser pocos. Ten cuidado a quién le abres tu interior. «Sobre toda cosa guardada, guarda tu corazón, porque de él mana la vida», expresa un sabio proverbio.

> Amistades, podrían ser muchas, pero amigos, deben ser pocos. Ten cuidado a quién le abres tu interior.
>
>

Los amigos son aquellos que saben cómo eres y así y todo te aceptan, con virtudes y defectos.

Quienes se ríen con tus alegrías y sienten tus tristezas.

Quienes respetan tu privacidad, pero están a la orden cuando los necesitas.

Quienes aún te recuerdan con cariño pese al tiempo y la distancia.

Quienes te ayudan sin esperar nada a cambio y no tienen reparo en decirte las cosas tal como son, aunque a veces resulte difícil.

Quienes pueden pasar horas simplemente escuchándote y con un simple abrazo tienen el poder de consolar tu corazón.

Los amigos son la familia que sí podemos elegir.

¿Tienes amigos en quienes puedas confiar? No necesitas muchos; en este caso es calidad y no cantidad. Yo estoy en contacto con un gran número de personas y tengo muchas amistades, contactos y conocidos por quienes siento un gran aprecio. Pero amigos de verdad, puedo contarlos con los dedos de la mano. De la misma manera que al tirar una piedra en el agua se pueden ver círculos concéntricos, así debería ser con quienes te rodean. El círculo más íntimo y que está más cercano a la piedra, es el más pequeño.

Por otra parte, ¿eres un buen amigo? La amistad es una calle de dos vías; debes estar dispuesto a ofrecer lo que esperas recibir de los demás. La carga es más liviana cuando es compartida.

Inspiración escondida

Hace unos meses traté de encontrar un anillo, regalo de mi esposo, porque quería lucirlo en una ocasión especial. Había pertenecido a su mamá, y estuvo en su familia por generaciones. Como no lo usé por mucho tiempo, no podía recordar dónde lo tenía guardado. Pasé horas buscándolo, creyendo que lo había perdido. Finalmente, recordé que lo tenía en una cajita especial que había apartado precisamente para ese fin. No estaba perdido; simplemente estaba tan bien guardado que parecía estar escondido.

> La amistad es una calle de dos vías; debes estar dispuesto a ofrecer lo que esperas recibir de los demás. La carga es más liviana cuando es compartida.

Encontrar algo que se creía perdido llena a cualquiera de alegría. Puede ser algo material —como mi anillo— o más importante aun, algo intangible, como emociones, talentos, anhelos o ilusiones. Creo que algunas veces tratamos de encontrar en lugares equivocados aquello que tal vez está únicamente dormido en nuestro interior. Ya sea por el tiempo, la distancia o la rutina, existen ciertas áreas en nuestra vida que simplemente se aletargan. En mi caso, esa área fue la del arte, la música, la poesía, la inspiración.

Quienes solamente conocen mi carrera en los medios de comunicación y me ven como la imagen de la mujer asertiva y profesional, no se imaginan que mi personalidad dé lugar a ser sensible en esa faceta. Pocos saben que en mi niñez di varios recitales de música y declamación, y que me gradué de la Academia Nacional de Arte e Interpretación Poética más importante de mi país.

Por muchos años permití que mi trabajo, rutina y responsabilidades acallaran poco a poco ese regalo que Dios puso en mis manos y que llenaba mi alma cuando era más joven. Hasta que un día inesperado, la proverbial musa despertó. De la misma manera, tú también puedes descubrir nuevamente esos rincones dormidos.

> Algunas veces tratamos de encontrar en lugares equivocados aquello que tal vez está únicamente dormido en nuestro interior.

Todos tuvimos alguna vez algo que hacía vibrar nuestra alma o nos hacía soñar despiertos. ¿Cuáles eran tus sueños, tus ideales, tus anhelos? Tal vez no puedas dedicarte a ellos a tiempo completo, pero simplemente invitarlos a formar parte de tu vida puede traer una sonrisa a tu corazón. Nunca es tarde para empezar. Existen incontables ejemplos de quienes lograron hacerlo. Ya sea terminar tus estudios, aprender a tocar algún instrumento, inventar algo o escribir un libro, esos sueños de juventud podrían alegrar tus días y ayudarte a afrontar el resto de tus responsabilidades con más entusiasmo. Y muchas veces, aquello que te apasiona puede impulsar una idea que podría transformarse en un estilo de vida.

Todos tuvimos alguna vez algo que hacía vibrar nuestra alma o nos hacía soñar despiertos. ¿Cuáles eran tus sueños, tus ideales, tus anhelos?

Capítulo 25

ELEVA

Los ideales y el conocimiento son como las estrellas.
Aunque no los puedas alcanzar, igual podrían iluminar tu camino.

—ANÓNIMO

Una simple coma

Las redes sociales forman parte de la vida diaria de millones de personas. Si bien es cierto que tienen la capacidad de absorber incontables horas si no son manejadas con sabiduría, pueden convertirse en una excelente herramienta para promoción y conexión. Debido a mi carrera y a mi personalidad estoy muy involucrada en los medios sociales, y siempre dispuesta a establecer nuevas conexiones. Disfruto enormemente mantener contacto con nuevos y viejos amigos y con las personas que siguen mis proyectos. Me interesa conocer sus opiniones y provocar de vez en cuando alguna discusión inteligente.

Hace un tiempo, publiqué en mi página la siguiente frase atribuida al escritor argentino Julio Cortázar. Al igual que él, la escribí sin puntuación y pedí que se colocara una coma en el lugar donde correspondiera. Te invito a que tú también lo hagas a continuación:

«Si el hombre supiera realmente el valor que tiene la mujer andaría de cuatro patas en su búsqueda».

¿Lo hiciste? Ahora, la pregunta del millón: ¿dónde pusiste la coma: después de la palabra «tiene» o después de la palabra «mujer»?

Es increíble cómo una simple marca ortográfica puede cambiar completamente el sentido a una frase. Basta decir que esto suscitó una interesante discusión entre los bandos femenino y masculino en mi página de Facebook. Y alguien replicó con el siguiente ejemplo, afirmando que se podría decir que la presencia de una coma puede salvar vidas:

> Haz un compromiso contigo mismo de nunca dejar de superarte y aprender. No te conformes con ignorar cosas que podrías conocer.

«¡Vamos a comer, niños!».

Si no lo entendiste, ¡vuelve a leer la frase sin la coma!

Dejando de lado el humor, la realidad es que diferentes factores —entre ellos las redes sociales, los mensajes de texto, la vida acelerada, la falta de amor por la lectura y el poco deseo de elevar nuestros niveles de conocimiento— están dando como resultado una generación con un terrible manejo del lenguaje y la proliferación de errores y «horrores» de ortografía y escritura.

Por ejemplo, ya no se presenta simplemente la confusión entre las letras Z, S o C. Ahora, el uso indiscriminado de la K para reemplazar a otras con el mismo sonido está volviendo «lokos» a muchos amantes del manejo apropiado del idioma español. Y quienes hablamos más de un idioma y nos desenvolvemos en un mundo multilingüe, podemos comprobar que situaciones similares no son exclusivamente nuestras. Además, estos descuidos se hacen evidentes no solo en la forma de escribir, sino también en la manera que muchas personas se expresan verbalmente.

Pero como reza un dicho, «el hecho de que todos lo hagan no quiere decir que esté bien». Sin importar el nivel en el que te encuentres, te reto a que decidas trabajar constantemente para elevarlo y expandir tus horizontes. Haz un compromiso contigo mismo de nunca dejar de superarte y aprender. No te conformes con ignorar cosas que podrías conocer. Como decía Benjamin Franklin: «La inversión que hagas en tu educación es la que te va a pagar mejores intereses».

Todos somos ignorantes...

... lo que pasa es que no todos ignoramos las mismas cosas. Con estas sabias palabras de Albert Einstein como preámbulo, quiero mencionar que hay un término que me molesta en sobremanera, el cual es en ocasiones utilizado para describir a alguna persona de origen humilde que no tuvo la oportunidad de estudiar en una institución educativa formal o que no presenta un nivel de educación similar al propio. Tal vez es alguien que se crió en el campo, o que tuvo que trabajar desde pequeño para sobrevivir o apoyar a su familia. Muchas veces escuché describir a esa persona como «ignorante».

Pero todo es cuestión de perspectiva.

> Tratar a todos con dignidad y respeto sin importar su condición económica o social es una característica esencial de una persona apasionante.

Si, por ejemplo, yo me encontrara confinada a un área rural o si estuviera obligada a sobrevivir en condiciones precarias, de nada me servirían títulos universitarios o una perfecta ortografía, si no sé cómo construir una vivienda, cómo cazar, pescar, encender una fogata o vivir de lo que produce la tierra. Es fácil saberlo en teoría, pero otra cosa es llevarlo a la práctica. En esas circunstancias, tal vez una persona como yo sería tildada de «ignorante» por los habitantes del lugar. Tratar a todos con dignidad y respeto sin importar su condición económica o social es una característica esencial de una persona apasionante.

Tengo un hermano menor a quien le encanta viajar. En sus aventuras, mi hermano Israel, conocido entre sus amigos como «Chicho», ha tenido la oportunidad de visitar poblaciones que casi no aparecen en los mapas y convivir con personas de diferentes etnias y culturas. Él ha comprobado una y otra vez que se puede encontrar sabiduría en los lugares menos esperados y en las más inhóspitas condiciones, y que el conocimiento no siempre está limitado a un salón universitario.

> Se puede encontrar sabiduría en los lugares menos esperados y en las más inhóspitas condiciones, y el conocimiento no siempre está limitado a un salón universitario.

Sin embargo, supongo que ese no es tu caso. No creo que estés confinado a una población apartada, completamente alejado de la tecnología moderna y sin posibilidades de asistir a una escuela o institución. Me imagino que donde te encuentras existen lugares donde puedes iniciar o continuar con tu aprendizaje. Si de verdad quieres hacerlo, puedes asistir a una clase en algún instituto local, aprender a través de libros, textos o vídeos, e inclusive inscribirte en clases cibernéticas gracias a la Internet. ¡La verdad es que en estos tiempos modernos, no hay excusa que valga!

Una mente inquisitiva y un insaciable deseo de aprender forman parte de la vida de las personas que inspiran y dejan un legado. A lo largo de mi vida he comprobado que una de las cosas más gratificantes es compartir nuestros conocimientos, alentando a otros con nuestro propio ejemplo y ayudándoles a lograr sus sueños... aunque en un inicio parezcan tan inalcanzables como las estrellas.

Cosechador de estrellas

Al hablar de estrellas no puedo dejar de mencionar a José Hernández. Su inspiradora historia forma parte de su libro *El cosechador de estrellas*.[1]

Hijo de humildes campesinos inmigrantes, durante su niñez José trabajó codo a codo con sus padres y hermanos cosechando los cultivos en los extensos valles de San Joaquín, California. Como millones de otras personas, su padre había dejado la tierra natal en su juventud con la esperanza de lograr una vida mejor. Debido a esa decisión, el hombre nunca pudo terminar la escuela, pero todos los días se esforzaba en inculcar en sus hijos la importancia de una buena educación.

> Una mente inquisitiva y un insaciable deseo de aprender forman parte de la vida de las personas que inspiran y dejan un legado.

Cuando José tenía solo nueve años, vio fascinado la transmisión de uno de los eventos que transformó la historia de la humanidad: la llegada del hombre a la luna. Y desde ese día, nació en su corazón el deseo de convertirse en un astronauta. Las palabras que su padre le repetía al retornar de sus duras jornadas de trabajo resonaban en sus oídos: «Trabajar duro es importante, pero sin una buena educación te quedarás cosechando frutas y verduras el resto de tu vida. Si quieres alcanzar tus sueños necesitas estudiar».

Inspirado por esas palabras, años después José consiguió una beca y se gradúo con honores de la Universidad de Santa Bárbara con una Maestría en Ingeniería. Con esas credenciales, estaba seguro de que sería aceptado en la NASA. Sin embargo, su esfuerzo y dedicación no garantizaron que todo iba a salir como esperaba; en su deseo de ser un astronauta fue rechazado doce veces consecutivas, pero no dejó que esto lo desanimara. Intentó una y otra vez, hasta que su persistencia y esfuerzo fueron finalmente recompensados.

José hizo historia en agosto del año 2009, cuando se convirtió en uno de los únicos dos astronautas de origen hispano que fueron elegidos para formar parte del equipo del transbordador espacial *Discovery*.[2] A más de nueve millones de kilómetros lejos de la tierra, finalmente estuvo más cerca de alcanzar las estrellas.

Mientras investigaba acerca de la vida de este hombre, me sorprendió descubrir algo muy interesante: después de ser rechazado una y otra vez y mientras esperaba nuevamente la oportunidad de ser aceptado por la NASA, José continuó educándose y preparándose día tras día. Sacó una licencia de piloto, se puso en forma, perdió peso, y ¡hasta aprendió a hablar ruso!

Pero lo que me llamó más la atención fue que, mientras trabajaba como ingeniero en un laboratorio, ayudó a desarrollar una nueva tecnología que fue la base para la creación del equipo para mamografías digitales de campo completo. Esta nueva y avanzada tecnología ha ayudado a salvar miles de vidas gracias a la detección temprana del cáncer de seno.[3] Actualmente, José incursiona en la política para apoyar y educar a la población sobre las necesidades de la comunidad inmigrante en Estados Unidos.

Quién iba a pensar que un muchachito hispano de familia humilde, hijo de campesinos y sin más riqueza que sus sueños y su fuerza de voluntad, podría aportar tanto a la humanidad.

Tal vez nunca lleguemos literalmente a estar más cerca de las estrellas como José, pero todos tenemos el potencial de crecer, aportar e influir en el área en que nos encontremos. Edúcate, crece, inspira, edifica, sigue aprendiendo. Elévate. El cielo es el límite.

Una preciosa noche de luna llena me inspiró hace unos años a elevar mi vista al cielo y escribir este poema, que evoca ligeramente el estilo de la prosa de Neruda o Benedetti.

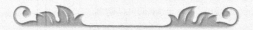

Encuentro

Todavía no sale, aún no se vislumbra
pero me la imagino...
intensa, llena, clara,
suspendida en la nada pero llena de todo
de ilusiones, de sueños
de tu amor, tu mirada
de profundos anhelos,
del sentir de tu alma

Todavía no sale, aún no se vislumbra
pero ya la percibo...
me esfuerzo en distinguirla
en la tenue penumbra de una noche sin fondo
otras luces de lejos pestañean sin prisa
ella sigue escondida
ella sigue contigo

Resignada a no verla escudriño el ocaso
en un final intento por atisbar su brillo
me pierdo en el espejo
de un cosmos infinito
tal vez el horizonte decida revelarme
su sutil sortilegio...
tal vez ya estaba escrito

Y por fin aparece
intensa, llena, clara
suspendida en la nada, pero llena de todo
de tu amor, tu mirada
de ilusiones, de sueños
del sentir de tu alma
de profundos anhelos
de pasión y dulzura
de reprimidas ansias
de insondable ternura
de ensueños y esperanzas...

Y por un leve instante que parece infinito,
igual que las estrellas,
se esfuman las distancias
y la noche, y el frío...
Tu mirada y la mía se encontraron en ella.
Y tu corazón. Y el mío.

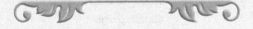

Capítulo 26

EMERGE

Cada fracaso enseña al hombre algo que necesitaba aprender.

—CHARLES DICKENS

*El fracaso despierta esa Ave Fénix que todos llevamos dentro,
así podemos levantarnos de las cenizas.*

—ANA BAXTER

MIENTRAS COMPARTÍAMOS UNA TAZA DE CAFÉ EN EL CENTRO DE Chicago durante una reunión informal con un par de colegas, no pude evitar que mi atención se viera interrumpida constantemente al dirigir mi mirada a una de las mesas contiguas. ¡El rostro de una de las personas sentadas en esa mesa me resultaba tan familiar! Era una mujer de raza negra, de mediana edad, elegante y distinguida. Sabía que la había visto más de una vez en algún lado, pero al mismo tiempo, al cruzarse nuestra mirada un par de veces, ella nunca dio señales de reconocerme.

Aun después de presentarme y conversar con ella brevemente, y comprobar que en efecto no nos conocíamos, no me era posible deducir por qué sus facciones me resultaban tan familiares. Finalmente, uno de mis colegas resolvió el misterio cuando afirmó: «Ella es la hermana de Michael Jordan, la estrella de los Chicago Bulls». La resemblanza familiar era evidente.

Viviendo en Chicago por tantos años me fue imposible no formar parte de la euforia colectiva en la época de oro del equipo local de basquetbol, con Jordan a la cabeza. Su nombre era sinónimo de éxito, victoria, liderazgo, fama y fortuna, y aunque mis niños aseguraban bromeando que su popularidad se debía a su asociación con el conejo Bugs Bunny en la película *Space Jam*, la verdad es que la influencia de este atleta se extiende a lo largo y ancho del mundo entero.

Su biografía en el sitio de Internet de la Asociación Nacional de Baloncesto (NBA por sus siglas en inglés) afirma que por aclamación popular Michael Jordan es el mejor jugador de baloncesto de todos los tiempos. «El resumen de su carrera e influencia en el juego no le hace justicia», afirma el artículo. «Es un atleta fenomenal con una única combinación fundamental de consistencia, gracia, velocidad, poder, arte, habilidad de improvisación y un deseo insaciable de competitividad. Jordan ha redefinido el título de superestrella de la NBA».[1]

Fracasos exitosos

Pero la verdad es que es humanamente imposible alcanzar todos esos títulos y aclamaciones sin haber fallado repetidas veces en el intento. En uno de los muchos comerciales para una conocida marca de artículos deportivos, Jordan recuenta en sus propias palabras algunos de sus fracasos: «He fallado más de 9.000 tiros en mi carrera. He perdido casi 300 juegos, 26 veces han confiado en mí para lanzar el tiro que ganaría el juego y no lo logré. He fallado una y otra y otra vez en mi vida. Y es por eso que he tenido éxito».[2]

Todos enfrentamos decepciones, rechazos y fracasos en nuestra vida; estoy segura de que puedes enumerar más de una circunstancia en la que las cosas no salieron como planeabas. A mí me faltarían dedos en las manos para contarlas. Pero la diferencia entre una persona que fracasa, y una persona fracasada, es que la primera no deja que sus circunstancias la definan. El fracaso es temporal, pero el darse por vencido es permanente. Nunca te rindas.

Al igual que Michael Jordan, existen cientos de historias de quienes no se dejaron vencer por el peso de sus propias fallas o por el rechazo u opinión de los demás. Aquí cito algunos ejemplos:

> La diferencia entre una persona que fracasa, y una persona fracasada, es que la primera no deja que sus circunstancias la definan. El fracaso es temporal, pero el darse por vencido es permanente. Nunca te rindas.

- Walt Disney, considerado una de las mentes más creativas del siglo XX, en su juventud fue despedido del periódico en el que trabajaba debido a su «falta de imaginación». Tuvo además que declararse en bancarrota varias veces, perdió los derechos de uno de sus primeros personajes, y estuvo a punto de abandonar su sueño de construir Disneylandia.

- Ludwig Van Beethoven, el aclamado compositor alemán de música clásica, fue duramente criticado por sus maestros porque no sostenía apropiadamente el violín, y también porque prefería experimentar con creaciones propias en vez de practicar de la manera tradicional. Fue catalogado como «un caso perdido como compositor».

- Steve Jobs, el visionario fundador de Apple, fue despedido de su propia compañía por la junta directiva, no sin antes haberles costado millones de dólares en pérdidas debido a la baja eficacia y al alto costo de los primeros modelos de sus computadoras.

- Milton Hershey, fundador de una de las marcas de chocolate más conocidas, no pudo terminar la escuela secundaria por la necesidad de trabajar. Años después tuvo tres intentos fallidos de abrir un negocio de dulces y golosinas que lo dejaron en la quiebra.

Estos son solo algunos de innumerables ejemplos. ¿Te das cuenta de que si estas personas se hubieran rendido después de haber fracasado hubieran privado al mundo de un aporte irremplazable?

Cada vez que cierres tus ojos y te sumerjas en una inmortal melodía clásica como la balada Para Elisa o La Quinta Sinfonía de L. V. Beetho-

> Fracasar es inevitable;
> pero emerger de nuevo
> pese al fracaso es una
> marca de una vida
> apasionante.

ven, o recuerdes tu niñez junto a las aventuras de Mickey Mouse y cientos de otros personajes de Disney, o saborees un delicioso Hershey's Kiss de chocolate, o utilices un iPhone o cualquiera de los avances tecnológicos que llegaron a nuestras manos gracias a Steve Jobs, recuerda que fracasar es inevitable; pero emerger de nuevo pese al fracaso es una marca de una vida apasionante. Como decía Winston Churchill, el éxito no es final, ni el fracaso fatal; lo que realmente cuenta es el valor de continuar.

Emerge de tus fracasos; son simplemente la perfecta excusa para volver a empezar.

Capítulo 27

EQUILIBRA

De la misma manera que un automóvil corre mejor y requiere menos energía para ir más rápido o más lejos cuando las ruedas están perfectamente alineadas, tú te desempeñas mejor cuando tus pensamientos, emociones, objetivos y valores tienen un balance.

—BRIAN TRACY

¿ALGUNA VEZ VISTE LA FOTOGRAFÍA DE ALBERT EINSTEIN MONTANDO una bicicleta? La primera vez que me la mostraron no pude evitar sonreír. Cuando hablamos de Einstein generalmente uno se lo imagina enseñando o leyendo, siempre con la mirada pensativa o el ceño un tanto fruncido, pero nunca me lo hubiera imaginado divirtiéndose de una manera tan simple. La fotografía lo muestra feliz, pedaleando, con el cabello desordenado —aunque eso no tiene nada de extraño— y una genuina sonrisa.

Se cuenta que Einstein no era el único científico aficionado al ciclismo, y en una de las célebres frases que se le atribuyen, afirmaba con humor y perspicacia que: *la vida es como andar en bicicleta, para conservar el equilibrio debes mantenerte en movimiento.*[1]

Balance y equilibrio

Ambos términos son generalmente utilizados para describir el mismo concepto, pero existe una diferencia entre ambos:

El *equilibrio* es una función esencial que nos permite mantener nuestro cuerpo estable pese a los cambios de movimiento. En otras palabras, es el sentido que nos ayuda a no caernos, y a estar firmes y seguros cuando caminamos o nos movemos pese a lo que ocurra a nuestro alrededor.

El *balance*, por su parte, es la habilidad de controlar el equilibrio. Existen condiciones médicas que afectan el sentido de equilibrio permanentemente, o este puede alterarse momentáneamente por circunstancias externas, como ingerir bebidas alcohólicas, dar vueltas, o subirse a un juego de alta velocidad. En todo caso, mantener el equilibrio —es decir, tener balance— es una parte fundamental del funcionamiento de toda persona.

Cuando éramos niñas, mi hermana menor, Debbie, era una excelente atleta. Mientras yo me dedicaba más a los estudios, arte y comunicaciones, ella se destacaba en los deportes, especialmente en el campo de la gimnasia. Recuerdo verla dando vueltas ágilmente en el aire con contorsiones que parecían desafiar a la gravedad, y participar en varios torneos en los que ganó medallas y trofeos. Aun ahora, pese a haber estudiado la carrera de medicina, ella dedica parte de su tiempo y experiencia como entrenadora, impulsando a las nuevas generaciones de atletas.

Una de las cosas que perduran en mi memoria es que, algunas tardes en las que caminábamos desde el colegio de regreso a casa, mi hermana aprovechaba cualquier repisa, tabla o borde horizontal para practicar sus ejercicios, pararse de manos o hacer alguna otra locura. Mientas más angosta y alta estaba la tabla, mejor para ella... y peor para mí, que optaba por mantener los ojos cerrados rogando que la fuerza de gravedad no le jugara una mala pasada.

Ella confiaba tanto en el balance que había aprendido a desarrollar durante años de constante práctica, que no pensaba dos veces antes de subirse a una angosta repisa y hacer de las suyas. Me parece que además, como buena hermana menor, disfrutaba asustarme y ver cuánto me inquietaba lo que hacía. Gracias a Dios nunca le pasó nada.

¿Bueno o primordial?

Como vemos, existen disciplinas deportivas en las que el balance es esencial. Expertos afirman que el mejor método para mejorar el balance y la estabilidad es practicar ejercicios específicos repetidamente. Estos ejercicios deben realizarse en la misma superficie y circunstancias en las que se va a desarrollar la competencia, porque el balance se desarrolla individualmente en cada área y en las condiciones que lo rodean.[2]

Por ejemplo, que un gimnasta practique en la alfombra no mejorará su balance en la barra de equilibrio, o que un futbolista practique con un balón de juguete no lo ayudará a la hora de jugar un partido con una pelota profesional. En ambos casos, se encontrarán invirtiendo más horas y esfuerzo que sus compañeros y obteniendo menos resultados.

> Muchas veces, las cosas buenas se podrían convertir en enemigas de las cosas primordiales.

Lo mismo puede ocurrir en nuestra vida. Muchas veces dedicamos más tiempo del necesario a un área en particular. Sin darnos cuenta, descuidamos otras y tal vez hasta lastimamos en el proceso a quienes nos rodean. Muchas veces, las cosas buenas se podrían convertir en enemigas de las cosas primordiales. Considera estos ejemplos:

- Dedicarte con todo empeño a tu carrera y trabajo y descuidar a tu familia.
- Gastar más de lo necesario en gustos y antojos y retrasarte en pagos y cuentas.
- Comprometerte a más actividades de las que puedes cumplir y terminar estresado y agotado.
- Verter todo tu tiempo en ayudar a otros y resolver sus problemas y no cuidar tu propia salud física o emocional.
- Pasar horas frente al televisor o computadora y descuidar tus responsabilidades.
- No practicar buenos hábitos alimenticios y terminar con sobrepeso o problemas de salud.

> Cuando hablamos de trabajar, ocuparnos de los demás o colaborar con actividades, es más difícil darnos cuenta de que podríamos estar fuera de balance.

¿Te das cuenta de que no todos los escenarios mencionados son necesariamente negativos? Claro que desperdiciar horas frente a una pantalla o comer un paquete completo de galletas cada noche son obviamente situaciones que deberían ser remediadas. Pero cuando hablamos de trabajar, ocuparnos de los demás o colaborar con actividades, es más difícil darnos cuenta de que podríamos estar fuera de balance.

Si ese es tu caso, tal vez arguyas que lo que estás haciendo es por el bien de los demás y que tienes las mejores intenciones. Pero las mejores intenciones no podrán evitar las consecuencias que tendrás que pagar si decides continuar dándole más importancia a un área de tu vida, sin darte cuenta de que las otras podrían estar sufriendo. Tarde o temprano verás los resultados en las que descuidaste, ya sea tu salud física o emocional, tus finanzas o tu familia.

No permitas que pase un día más sin tomar el tiempo necesario para analizar ciertas cosas. Tal vez estas preguntas te ayuden a hacerlo:

- ¿Alguna de estas situaciones te describe?
- ¿Qué áreas de tu vida están fuera de balance?
- ¿Deberías seguir gastando dinero que no tienes?
- ¿Crees que ayudar a otros significa descuidarte a ti mismo?
- ¿Trabajas para vivir o vives para trabajar?
- ¿Vale la pena perder preciosos años en la vida de tus hijos que jamás van a poder ser recuperados...?

No digo esto de ninguna manera para que te sientas culpable; al contrario. Es para que te des cuenta de que, si este es tu caso, puedes cambiar tus circunstancias. Hace algunos años yo misma tuve que poner un alto a mi vida y tomar decisiones difíciles para equilibrarla; no fue fácil, pero valió la pena. En los capítulos finales de este libro podrás conocer más de mi historia.

¿Recuerdas cuando aprendiste a andar en bicicleta? Tal vez ya pasaron muchos años, pero estoy segura de que no lograste mantener el balance la primera vez que lo intentaste. Lo que te impulsó a seguir intentándolo era el resultado final, aunque en el proceso probablemente te caíste muchas veces. Lo importante es que te levantaste una y otra vez y seguiste pedaleando. Haz lo mismo en tu vida, sigue adelante sin importar cuántas veces caigas, enfocándote en el resultado más que en el proceso. Una vida apasionante es una vida estable, firme y equilibrada. Y cada vez que quieras parar, recuerda lo que dijo Albert Einstein: «Para conservar el equilibrio debes mantenerte en movimiento».

> *Sigue adelante sin importar cuántas veces caigas, enfocándote en el resultado más que en el proceso. Una vida apasionante es una vida estable, firme y equilibrada.*

Desde la delicada configuración de los elementos de un
minúsculo átomo, hasta la magnífica armonía de un
universo infinito, todo fue creado en un perfecto equilibrio.
Balance nos habla de intencionalidad, orden, lógica y
estructura. En su ausencia, reinaría el caos.

Este poema en prosa se refiere de alguna manera a ese
equilibrio que existe cuando convergen emociones y
sentimientos opuestos.

Antónimos

Déjame quererte
en la calma de mis noches,
en el trajín de mis días
con el ruido de mis ocupaciones
en la quietud de mis horas íntimas
en la penumbra de mis nostalgias
con la claridad de mis ilusiones
con la ligereza de mis quimeras
con el peso de mis contradicciones

Déjate quererme
en la utopía de tus imposibilidades
con la realidad de tus circunstancias
en la rutina de tus contextos
en la variedad de tus fantasías
con la complejidad de tus pasiones
en la simpleza de tus hábitos
con la vehemencia de tus ansias
en el sosiego de tus reflexiones

Déjame quererte
en el paroxismo de mi mente
con el equilibrio de mis decisiones
en la trivialidad de mis reminiscencias
con la insondabilidad de mis creaciones
con la indomabilidad de mi instinto
con la fragilidad de mis introspecciones
con la inescrutabilidad de mi intelecto
con la asequibilidad de mis emociones

Déjate quererme.

Siempre.

De lejos, de cerca.

Cuando estés conmigo.

Cuando estés ausente.

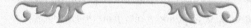

Capítulo 28

ENCIENDE

Una ciudad en lo alto de una colina no puede esconderse.
Ni se enciende una lámpara para cubrirla con un cajón.
Por el contrario, se la pone en alto para que alumbre a todos los que
están en la casa.

—LA BIBLIA

No siempre es mejor en la cima

¿Sabes quién era Neftalí Ricardo Reyes? Nada menos que Pablo Neruda.

Aunque es más conocido por sus inmortales poemas, como el famoso *Poema 20*: «Puedo escribir los versos más tristes esta noche...», también Neruda es recordado por inspiradoras frases, como la que dice: «Si no escalas la montaña jamás podrás disfrutar del paisaje». Este pensamiento inspiró a un grupo de jóvenes a embarcarse en una aventura que nunca olvidarán.

El día parecía perfecto. Juan Carlos y sus amigos estaban de vacaciones disfrutando del sol en la playa. Al cabo de unas horas, decidieron alejarse del área turística y explorar el lugar; habían escuchado que no muy lejos podrían encontrar preciosos paisajes de belleza natural y disfrutar de un mágico crepúsculo cerca de los acantilados. Continuaron con su caminata, conversando, riendo, y lanzando al agua conchitas de mar que encontraban en la arena.

Después de caminar por un buen tiempo decidieron escalar los grandes peñascos que ahora poblaban el lugar donde se encontraban. Su esfuerzo fue recompensado. ¡Al alcanzar la cima, la vista era fabulosa! Cielos de azul infinito se confundían en lontananza con las aguas de un océano que se disponía a recibir al sol poniente. Una acuarela de colores pintó el ambiente de misteriosos destellos, en un atardecer digno de ser conservado en una fotografía y en lo más profundo del corazón.

Después del mágico espectáculo, Juan Carlos y el grupo se dispusieron a emprender el camino de regreso. Pero para su sorpresa, luego de descender unos metros se dieron cuenta de que la senda rocosa que habían tomado estaba completamente cubierta de agua. La marea había subido de tal manera que los había dejado aislados y sin una manera visible de retornar. Para hacer las cosas peores, una densa niebla empezó a cubrir lentamente el lugar.

Luego de intentar encontrar sin éxito una vía a través de las rocas, y ya sin la luz del sol que iluminara su descenso, se encontraron sumidos en la oscuridad. La señal de sus teléfonos celulares no abarcaba esa apartada región. Su ligera ropa de verano no podía competir con el viento frío y húmedo y los afilados peñascos lastimaban sus pies cubiertos solo con delgadas sandalias.

Se les gastó la voz gritando por ayuda.

No hubo respuesta.

Sentían dolor, confusión, hambre, frío, y un temor que parecía más denso que la penumbra que los rodeaba. Solo se escuchaba el romper de las olas y el susurro de una oración musitada.

Después de varias horas y cuando la esperanza parecía haberse desvanecido, a uno de los jóvenes le pareció vislumbrar algo en el oscuro horizonte. Era una tenue luz que se hacía más fuerte a medida que la niebla se disipaba. Animados por el descubrimiento, decidieron intentar nuevamente encontrar una salida, siguiendo la dirección en la que esa luz se encontraba. Gracias a la ligera claridad que ahora los rodeaba, en unos minutos descubrieron una vía que había estado escondida por la oscuridad.

Renació su esperanza. Emprendieron el camino y mientras más se acercaban a la luz, la senda era más clara, su paso más firme, el sendero más seguro.

Al fin, llegaron hasta el viejo faro que había iluminado sus pasos.

Su luz no solo había servido durante años para guiar embarcaciones a puerto seguro, sino que en esta ocasión, sirvió también para rescatar a un grupo de jóvenes que se vieron atrapados en la oscuridad.

Una antorcha encendida

Al igual que ese faro, existen vidas que encienden una luz e iluminan la senda para que otros la puedan transitar. Conocidas o anónimas, su ejemplo y pasión logran marcar una diferencia.

Por ejemplo, uno de los personajes más reconocidos en la historia de la defensa de los derechos civiles en Estados Unidos, es el doctor Martin Luther King Jr., el hombre más joven en recibir el Premio Nobel de la Paz.[1] Con su liderazgo, esfuerzo y sacrificio, este pastor bautista ayudó a transformar la historia de un país sumido en la oscuridad de la discriminación racial, pese a que la esclavitud ya había sido abolida.

> Existen vidas que encienden una luz e iluminan la senda para que otros la puedan transitar. Conocidas o anónimas, su ejemplo y pasión logran marcar una diferencia.

Sus apasionados mensajes y su confrontación pacifista —inspirada principalmente en sus convicciones cristianas, la vida de Jesús, y el ejemplo más reciente de Gandhi en la India— encendieron una antorcha que iluminó el camino hacia la igualdad y dignidad para millones de personas de raza negra. Finalmente, sus convicciones le costaron su propia vida, cuando fue asesinado en el balcón del hotel donde se hospedaba.

Entre las muchas historias del doctor Luther King Jr. existe una que me llamó particularmente la atención.

Él cuenta que cuando era niño tenía que tomar un autobús todos los días y cruzar la ciudad de Atlanta para asistir a la escuela. Como seguramente sabes, en esa época existían rígidos patrones de segregación, y a las personas de raza negra no les estaba permitido sentarse donde querían. Solamente podían ocupar los asientos del final del vehículo, y muchas veces se les obligaba inclusive a ceder esos asientos. Si el bus estaba lleno en la parte posterior y no había ninguna persona de raza blanca presente, los pasajeros de color no podían ocupar los asientos delanteros. Ellos, sin importar su edad o condición de salud, debían permanecer de pie, al lado de los asientos vacíos reservados para blancos.

Al recordar ese tiempo, Martin Luther King Jr. escribió: «Cada día, mientras mi cuerpo caminaba el pasillo hasta llegar a la parte de atrás de ese bus, yo dejaba mi mente en el asiento de la primera fila. Y me decía a mí mismo: "Uno de estos días voy a poner mi cuerpo en el mismo lugar donde está mi mente"».[2]

Con estas palabras, creo que el doctor King presenta una regla de vida esencial: por lo general, nuestro cuerpo termina en el lugar donde está nuestra mente.

El cerebro humano es una de las creaciones más perfectas y complejas, y la mente es la fuente que alimenta nuestras decisiones, pensamientos, sentimientos, deseos y la manera en la cual nos vemos a nosotros mismos. ¿Te das cuenta de lo importante que es aprender a transformar la manera en que pensamos? Al hacerlo, podremos iluminar mejor el camino.

Resultados explosivos

Después de que el sol se oculta en las tardes frescas de primavera, mi familia y yo disfrutamos de vez en cuando pasar un tiempo en el jardín alrededor de una pequeña fogata. Rostizamos malvaviscos, comemos «hot dogs», y pasamos un lindo tiempo juntos. Mis vecinos lo saben, y mi patio se convierte en el lugar de encuentro de varios niños y jóvenes del vecindario. Realmente un lindo tiempo que atesoro en el corazón.

Uno de esos días, mi esposo no podía lograr encender el fuego por mucho que lo intentaba, y tuvo la gran idea de utilizar un combustible líquido que encontró en el garaje. Aquí entre nosotros te confieso que, no solamente las instrucciones decían que no estaba recomendado para este fin, sino que —según mi opinión— utilizó más de lo que era necesario. «Mejor que sobre a que falte», me dijo.

Ya te imaginarás lo que ocurrió. Al momento de tratar de encender el fuego con un fósforo, una enorme llamarada se expandió explosivamente alrededor de los leños, para extinguirse después de un par de segundos. Gracias a Dios nadie fue afectado... con la excepción de mi esposo, quien se chamuscó los vellos del brazo. Tuve que poner todo de mi parte para no decir el famoso: «¡Te lo dije!». Esa noche aproveché la experiencia para explicar a mis hijos la importancia de seguir las instrucciones, y que si decidimos ignorarlas podría acarrear consecuencias desagradables. Al ver a su papá y después del susto, creo que aprendieron la lección.

> Es mejor encender una pequeña llama que permanezca, crezca, y alcance su objetivo, que una llamarada explosiva que se extinga tan rápidamente como empezó

Te cuento esta historia para que consideres lo siguiente: es mejor encender una pequeña llama que permanezca, crezca, y alcance su objetivo, que una llamarada explosiva que se extinga tan rápidamente como empezó. Además, ya sea que tengas una plataforma pública, o simplemente en tu familia o en tu trabajo, recuerda que todos tenemos un círculo de influencia, y que hay veces en que las buenas intenciones pueden tener malos resultados si hacemos las cosas de forma equivocada. Una persona inteligente aprende de sus propios errores y triunfos, pero una persona sabia aprende también de los errores y los triunfos de los demás. Piensa antes de obrar.

> *Una persona inteligente aprende de sus propios errores y triunfos, pero una persona sabia aprende también de los errores y los triunfos de los demás.*

Cada decisión, tentación o problema que llega a tu vida tiene que pasar primero por tu mente. Creo que es por eso que la mente y los pensamientos son como el campo de batalla de nuestra alma; depende de ti pelearla y vencer. De la misma manera, si en tu mente das lugar a una idea y trabajas para que poco a poco se convierta en un ideal digno de ser seguido, podrías encender una llama que transforme tu vida, tu familia, tu entorno y hasta tu nación. Solo asegúrate de que el «combustible» que uses sea el correcto.

Capítulo 29

ENTONA

La música no emociona hasta que no sea tocada.

—BENJAMIN BRITTER

DESDE MUY JOVEN TUVE LA LINDA EXPERIENCIA DE PRODUCIR Y conducir varios programas de televisión. Recuerdo particularmente uno que estaba dedicado a los niños. Juegos, concursos, premios, música e invitados especiales eran parte diaria de tres horas de programación en vivo, que eran producidas para entretener y educar a la audiencia infantil y juvenil. La parte que más me gustaba era que, al final de cada programa, tomaba mi guitarra y entonaba en vivo conocidas canciones, acompañada por el coro de alegres voces que formaban parte del público, y seguramente también de mis pequeños televidentes. Mi hermana Esmeralda, a quien de cariño llamamos «Pochita», formaba parte de mi equipo de trabajo, siempre con una sonrisa.

Entre las muchas anécdotas, recuerdo que en uno de esos *shows*, alguien movió las clavijas de las cuerdas de mi guitarra sin que yo me haya dado cuenta, tal vez para jugarme una broma. Cuando empecé a cantar, noté, ya tarde, que estaba completamente desafinada. Pero eso no es todo; lo peor vino cuando intenté arreglarla en el medio de mi canción, porque al mover la clavija de una de las cuerdas, esta se reventó ruidosamente ¡y estaba al aire en un programa en vivo!

No me quedó más remedio que tratar de disimular y continuar cantando, mientras la mitad de mi audiencia —y hasta los camarógrafos— se desternillaban de risa... Como en esa época no existían los teléfonos celulares con cámara incorporada y no era tan fácil como ahora grabar o difundir un vídeo, yo supuse que al día siguiente ya nadie se acordaría de lo ocurrido.

Pero algo con lo que yo no contaba era que justo ese día uno de los críticos más leídos de la «Tele Guía» vio el programa y sacó una nota al respecto en la siguiente edición del periódico. ¡Hasta pusieron una tonta caricatura mía tocando la guitarra con las cuerdas sueltas! Confieso que todavía guardo ese recorte de periódico. Y no; no lo vas a encontrar en este libro, ni planeo ponerlo en mi página de Facebook. Entonar una canción no siempre es tan fácil como uno espera.

Melodía, armonía y ritmo

Cuando en mi niñez tomé clases de música, tenía un maestro que en vez de marcar los tiempos con «1, 2, 3... 1, 2, 3» repetía en voz alta los elementos básicos musicales: «melodía, armonía y ritmo... melodía, armonía y ritmo». Nunca más se me olvidaron.

Estos tres elementos son fundamentales para la ejecución apropiada de cualquier instrumento o pieza musical. Las notas y los acordes deben estar en un balance perfecto de armonía para que la melodía sea agradable al oído, mientras siguen el patrón del ritmo. La práctica es esencial. Y si se toca en un grupo, todos deben seguir la misma partitura.

Mi amor por la música clásica nació gracias a mi inolvidable tía Nancy, a quien de cariño llamábamos «Nanita». Ella fue como mi segunda mamá; tenía un alma dulce y generosa y de ella aprendí lo que significa entrega, abnegación, persistencia y amor incondicional. Además, le encantaban los valses vieneses. El «Danubio azul», el «Vals del emperador», y otras obras de Johann Strauss sonaban constantemente en la sala de mi casa desde un tocadiscos, haciendo volar mi imaginación y esparciendo sus notas en perfecta armonía.

De igual manera, Sonia Marie de León cuenta que estuvo apasionada por la música clásica desde muy temprana edad. Pero ella no solo disfruta escucharla, sino que es nada menos que la directora de la Orquesta Sinfónica Santa Cecilia de California.

Contra viento y marea

Sonia cuenta que cuando decidió ir a la universidad para perfeccionar sus habilidades, descubrió que el talento no era lo único que iba a necesitar para triunfar. En su primera semana, uno de sus maestros le dijo frente al resto de la clase —unas cuarenta personas, todos hombres— que debería buscar algo mejor para hacer porque una mujer jamás iba a ser aceptada como directora de una orquesta sinfónica. «Pero no dejé que eso me desanimara», recuerda Sonia. «Creo en ese proverbio que afirma que aquellos que dicen que algo es imposible hacerse, no deberían interrumpir a aquellos que lo están haciendo».[1]

Su persistencia y sus deseos de triunfar comprobaron que su maestro estaba equivocado. Ahora Sonia no solo dirige una Orquesta Sinfónica ganadora de varios honores y distinciones en Los Ángeles, sino que se convirtió en la primera mujer en la historia que fue invitada a dirigir un concierto en el Vaticano.

Pero para ella no solo esos logros son importantes. Lo que la llena de alegría es transmitir su amor por la música clásica a niños y jóvenes que, de otra manera, no podrían tener la oportunidad de conocerla e interpretarla. Ella y su equipo dan clases gratuitas de violín y otros instrumentos, forman orquestas juveniles y llevan espectáculos gratuitos a barrios pobres donde abunda la violencia y las pandillas. Hasta ahora, decenas de jóvenes han transformado su futuro gracias a su esfuerzo y dedicación.

> Aquellos que dicen que algo es imposible hacerse, no deberían interrumpir a aquellos que lo están haciendo.

Marcando la pauta

Este capítulo se titula Entona. Es interesante que, además de definirse como «afinar», una de las acepciones del término «entonar» es «Dar las primeras notas de una canción para que otra u otras personas o instrumentos la canten o interpreten con la misma afinación».[2] Nos habla de marcar la pauta, iniciar algo, mostrar el camino.

Pero si esa primera nota no está afinada, quienes la sigan se van a confundir y el resultado final podría ser desastroso. Basta recordar los programas de televisión en los que algunas personas creen que tienen talento musical, solo para ser criticados y descalificados por los jueces después de haber hecho el ridículo. No tienes que ser un músico profesional para darte cuenta de la importancia que esto encierra. Si lo trasladamos a cualquier otra área de tu vida, recuerda que si quieres guiar a otros, debes asegurarte de que tengas la «nota» correcta. Y si te das cuenta de que estás equivocado, corrige tu error y no confundas a los demás. Además, si hablamos de trabajar en equipo, no importa cuán bueno seas tocando un instrumento si cada quien está interpretando su propia canción. O la misma pero a su manera.

> Si hablamos de trabajar en equipo, no importa cuán bueno seas tocando un instrumento si cada quien está interpretando su propia canción.

Trabajar en armonía es importante en todas las facetas de la vida. Ya sea que hablemos de tu familia o de tus proyectos profesionales, asegúrate de compartir claramente tu visión y rodéate de personas que sean afines, pero que no tengan reparo en hacerte notar si estás «fuera de tono».

Si estás en una posición de liderazgo, puede que algunas veces tus decisiones no sean las más populares, pero como dice el escritor Max Lucado, «la persona que quiere dirigir la orquesta tiene que darle la espalda al público».

La armonía que logra una pareja de bailarines profesionales al interpretar con su talento una pieza musical, fue mi inspiración para este poema.

Vals

Con sutiles movimientos se deslizan las parejas
dando vueltas incesantes en el centro del salón
derrochando garbo y gracia su elegancia se refleja
olvidándose del mundo en fugaz fascinación

No son solo sus miradas las que están entrelazadas
contemplándose anhelantes, sonriendo sin temor
es también su dulce abrazo, con tendencia acompasada
que trasluce en su conjunto una estela de pasión

Pareciera que en el ritmo de vibrante consonancia
dan pisadas en el aire, van flotando en el lugar
ni muy cerca, ni muy lejos, manteniendo las distancias
pero al mismo tiempo unidos en sus ansias de volar

El movimiento es variado, al igual que su cadencia
de repente se hace lento, más sosegado y gentil
o de pronto recupera un matiz vertiginoso
y da paso a la locura de un entusiasmo febril

Aunque parezca difícil concuasar la melodía
en sincronía perfecta con cada paso del son,
el secreto que revela esta impecable armonía
es el bailar al unísono, como un solo corazón.

Ven y mírame a los ojos, tómame de la cintura
demos vueltas incesantes en el centro del salón
ni muy cerca, ni muy lejos, pero siempre con ternura
trasluciendo en nuestro idilio una estela de pasión

Sea tranquila o impetuosa la variada melodía,
demos pasos en el aire, sin volver la vista atrás
y logremos que este baile dure el resto de los días...
Disfrutemos este ensueño, que la vida es como un vals.

Capítulo 30

EXPERIMENTA

Que no te intimide intentar algo nuevo, y no le creas a nadie que te diga que no puedes. Recuerda que un novato construyó el Arca; y un grupo de expertos, el Titanic.

—DAVE BARRY

EN MUCHOS PAÍSES ES CADA VEZ MÁS COMÚN TRABAJAR DESDE casa. Los avances de la tecnología moderna permiten a la personas desempeñar sus responsabilidades sin estar limitados a una oficina tradicional. Según el Bureau of Labor Statistics [Oficina estadounidense de estadísticas laborales], el número continúa en crecimiento.[1] Muchas compañías, grandes y pequeñas, dan esta opción a sus empleados porque incrementa la productividad y minimiza los costos de operación, y personas que manejan su propio negocio la ven como la opción más viable y provechosa.

Estos últimos años en los que me dedico principalmente a escribir, enseñar y viajar, tuve la ventaja de manejar algunas cosas de esta manera, sin necesidad de ir diariamente a la oficina. En un instante puedo estar en contacto con personas de mi equipo o de organizaciones con quienes trabajo en diferentes ciudades y países. Las reuniones vía Skype, clases en aulas virtuales, grabaciones en mi estudio local, documentos enviados o recibidos a través de Dropbox, correos electrónicos, redes sociales, y un sinfín de herramientas tecnológicas, hacen posible esto y más. Y para mantener el contacto humano, que es muy importante, participo constantemente en reuniones y proyectos locales, y puedo formar parte diariamente de la vida de mis hijos y esposo. No me puedo quejar.

Cuando me embarqué en la aventura de escribir este libro, pronto me di cuenta de que me iba a resultar difícil concluirlo a tiempo si es que no me apartaba de mi rutina y le dedicaba un tiempo específico; es difícil concentrarse con las constantes interrupciones de la dinámica familiar y las responsabilidades cotidianas. Para un proyecto como este, que requiere inspiración, investigación y dedicación, la dinámica debería cambiar.

Decidí seguir el consejo de un par de amigos —autores profesionales— y pasar unos días lejos de casa, sin interrupciones. Sabía que si estaba cerca, no resistiría la tentación de volver constantemente a ocuparme de mi familia. Encontré una excelente opción gracias a una buena amiga, quien me abrió sus puertas en un lugar tranquilo, seguro y apartado, perfecto para este fin.

Estoy acostumbrada a viajar, pero en esta ocasión me animé a hacer algo diferente: en vez de tomar un avión, decidí irme manejando. Quería una experiencia nueva, algo que me despejara la mente y cambiara mi rutina de aeropuertos, aviones y esperas interminables. Además, la línea que marcaba las casi seiscientas millas de distancia (más de novecientos kilómetros) no se veía muy larga en el mapa de mi computadora.

> Quería una experiencia nueva, algo que me despejara la mente y cambiara mi rutina de aeropuertos, aviones y esperas interminables.

Mi esposo simplemente sonrió cuando le compartí mis intenciones. Habiendo manejado muchas veces largas distancias, él sabía lo que me esperaba y me explicó las posibles consecuencias. Al ver mi determinación, se aseguró de que mi automóvil estuviera en buenas condiciones y que yo tuviera todo lo necesario para el trayecto. Estoy profundamente agradecida por tener en mi vida un hombre que siempre me ha apoyado en mis proyectos y que me da alas para seguirlos.

Aventura en la carretera

La verdad es que me gusta manejar. Siempre y cuando el tráfico esté tranquilo y las condiciones del tiempo favorables, disfruto la libertad de desplazarme en las carreteras de alta velocidad o disfrutar del paisaje en los caminos rurales.

Pero, al igual que en la vida, pese a nuestras mejores intenciones o planificación previa, hay circunstancias que, sencillamente, no podemos controlar.

Mi viaje se inició sin contratiempos. Cielos despejados, tráfico ligero. Tenía mi GPS, el tanque lleno, una taza de café y algunos snacks para el camino; hasta encontré algunos de mis CDs de canciones favoritas que hacía tiempo que no escuchaba. (Ya sé que en esta época de música digital, para muchos escuchar CDs está pasado de moda; así es que mejor ni menciono los casetes que todavía tengo en casa. Si estás sonriendo, tal vez tú también tengas algunos guardados. No es que estemos viejos, solo que nos gustan las cosas «clásicas».)

> Al igual que en la vida, pese a nuestras mejores intenciones o planificación previa, hay circunstancias que, sencillamente, no podemos controlar.

Las primeras horas de camino transcurrieron rápidamente. Pero mientras pasaba el tiempo y veía la gran distancia que todavía me faltaba por recorrer, más de una vez me pregunté si había tomado la decisión correcta... Ni modo, ya era muy tarde para volver atrás, y mi mente me llevó a considerar varios escenarios y posibilidades. Por ejemplo, como no conocía el camino, si algo le pasaba a mi mapa electrónico me encontraría en serias dificultades porque había olvidado imprimir las direcciones antes de partir. ¿Y si tenía un accidente? ¿Y si me pasaba algo en el medio de la nada? ¿Y si me quedaba sin gasolina...? Aunque me esforzaba por apartarlas de mi pensamiento, poco a poco fueron surgiendo más preguntas similares.

> Me di cuenta de que las circunstancias eran perfectas; quien estaba creando mis propios problemas era yo.

Hasta que decidí ponerle un alto a esa «bola de nieve» que estaba cobrando fuerza en mi interior y que amenazaba con aplastarme. Tan pronto como pude, encontré un área de descanso. Salí del auto, caminé un poco, admiré el paisaje, comí algo, llamé a mi esposo, llené el tanque, y me dispuse a retomar mi camino, ya renovada. Me di cuenta de que las circunstancias eran perfectas; quien estaba creando mis propios problemas era yo.

Sumida en las tinieblas

Horas después, cuando todo parecía marchar viento en popa, intempestivamente todo cambió. En un par de minutos oscureció el cielo y me vi envuelta por la niebla más densa que vi en mi vida. La visibilidad era prácticamente nula; no podía distinguir nada a más de un par de metros frente a mí. Prendí la radio y escuché que el Servicio Nacional de Meteorología estaba emitiendo una advertencia de niebla severa, advirtiendo que las condiciones de manejo eran muy peligrosas en esa área. Ahora sí tenía un motivo para estar preocupada.

Las siguientes dos horas fueron agobiantes. Reduje la velocidad, prendí mis reflectores, y traté de seguir las líneas de la carretera.

Por momentos, las tenues luces de algún vehículo que estaba delante guiaban mi camino; y otras veces, era yo quien guiaba a otros que seguían mis pasos.

> En ese momento no me servía ver el final del camino. Solo necesitaba saber lo que estaba directamente frente a mí y seguir adelante paso a paso.
>
>

Pude ver cómo algunos que no tomaron en cuenta los peligros y manejaban desenfrenadamente perdieron el control, y terminaron embancados al lado del camino.

Vi cómo otros eran detenidos y multados por la policía del condado por no obedecer las leyes de tránsito y manejar de manera irresponsable.

Pero también encontré personas que trataban de guiar a otras con sus luces o señales. Perfectos desconocidos que se interesaban por el bienestar de los demás.

Me di cuenta de que en ese momento no me servía ver el final del camino. Solo necesitaba saber lo que estaba directamente frente a mí y seguir adelante paso a paso. Y comprobé que las oraciones más persistentes son expresadas cuando las circunstancias están fuera de nuestro control.

Un par de horas después, una vez más todo cambió en cuestión de segundos. La niebla se disipó y la claridad se tornó absoluta. Parecía que alguien había levantado un velo de penumbras para revelar un precioso atardecer. Los últimos rayos del sol teñían de carmesí el horizonte, en un mágico crepúsculo que alegró mi corazón y dio esperanza a mi jornada. Y en lontananza pude vislumbrar las luces de la ciudad que me daban la bienvenida. Lo peor había pasado. Ya llegaba a mi destino.

Toda experiencia tiene algo que enseñar

Me puse a analizar lo que me ocurrió, a pensar en lo que aprendí y a extraer algunos puntos que podría compartir contigo en este libro. Creo que toda experiencia tiene algo que enseñar.

- Antes de tomar una decisión, asegúrate de conseguir toda la información correcta.
- Escucha el consejo de quienes tienen experiencia en el área.
- Sé realista y considera las implicaciones de tu decisión.
- Ten siempre un plan de contingencia en caso de que algo salga mal.
- No dejes que tu mente te preocupe con problemas que no existen.
- Tómate un descanso, renuévate, no andes «con el tanque vacío».
- Aunque planifiques, no siempre las cosas salen como esperabas.
- Si no puedes controlar las circunstancias, contrólate a ti mismo.
- Sigue a quienes iluminan el camino, y guía con responsabilidad a quienes siguen tus pasos.
- Sé considerado con los demás. Si actúas irresponsablemente vas a pagar las consecuencias.
- Si no puedes ver el final del camino, concéntrate en aquello que sí puedes ver.

> Muchas de las mejores invenciones fueron descubiertas por accidente, simplemente porque a alguien se le ocurrió hacer algo fuera de lo usual.
>
>

Quiero alentarte a que tomes en cuenta estos principios, pero que no dejes que te intimiden. Anímate a experimentar algo nuevo. Intenta algo diferente. Muchas de las mejores invenciones fueron descubiertas por accidente, simplemente porque a alguien se le ocurrió hacer algo fuera de lo usual. Sal de la rutina, cambia tus opciones, abre tu mente. Este capítulo del libro no hubiera existido sin mi última experiencia.

Capítulo 31

ESCAPA

He pasado por algunas cosas terribles en mi vida,
algunas de las cuales realmente ocurrieron.

—MARK TWAIN

UN DÍA, UN HOMBRE QUE ERA CONOCIDO POR ESTAR SIEMPRE ansioso y preocupado decidió hacer algo al respecto y puso un anuncio en el periódico. El anuncio decía lo siguiente:

«Se busca un preocupador profesional. Requisitos: ser responsable, puntual y capaz de preocuparse en mi lugar. Pago: $500 a la semana».

Inmediatamente empezó a recibir llamadas de personas interesadas aunque no entendían bien de qué se trataba. Finalmente, el hombre decidió contratar a un joven que parecía ser el candidato perfecto. El primer día de trabajo, el muchacho le dijo a su nuevo jefe: «Señor, si no le molesta, tengo una pregunta: ¿cómo va a hacer para pagarme $500 semanales, si usted mismo me acaba de contar que se quedó sin empleo?». A lo que el hombre respondió:

«¿Para qué crees que te contraté? ¡Eso es algo por lo que tú tienes que preocuparte!».

> Hay quienes se han convertido en expertos en el arte de pasar gran parte del tiempo ansiosos por un sinfín de cosas, muchas veces fuera de su control.

Qué bueno sería tener a nuestro servicio un «preocupador» profesional, ¿no te parece? Si tú eres como la mayoría de las personas, tal vez en este mismo momento tienes en la mente algo que te preocupa. Probablemente quieras engañarte a ti mismo diciendo que estás simplemente analizando o pensando en la situación, pero la verdad es que la preocupación es un problema que nos afecta a todos. En ocasiones, permitimos que situaciones pasadas o posibilidades futuras dominen nuestro pensamiento y nos roben la paz. Hay quienes se han convertido en expertos en el arte de pasar gran parte del tiempo ansiosos por un sinfín de cosas, muchas veces fuera de su control.

> «Preocuparse»
> significa estar ocupado en
> algo antes de que ocurra.
> Es vivir en un futuro que
> no podemos controlar.

Pre – ocupación

Tanto por su definición como por su etimología, la palabra «preocupación» es fácil de entender. Proviene del latín «preocupare»; como sabrás, el prefijo *pre* generalmente significa «antes» y *ocupare*, obviamente quiere decir *«ocupado»*. Entonces, «preocuparse» significa estar ocupado en algo antes de que ocurra. Es vivir en un futuro que no podemos controlar.

Según el diccionario, la palabra «preocupación» tiene varios significados: se la define como *inquietud, temor o intranquilidad* o como *ofuscación del entendimiento*. Pero la definición que me llamó la atención es la siguiente: *idea preconcebida, generalmente falsa, que tenemos acerca de una cosa futura.*[1]

Si es así, la preocupación infundada es irracional, inefectiva e ilógica. Entonces, la manera más lógica de lidiar con este problema debería ser simple: aprende a vivir en el presente. Basta a cada día su propio afán. Precisamente, en una de las ocasiones en las que Jesucristo hablaba a sus seguidores, les dijo: «¿Quién de ustedes, por mucho que se preocupe, puede añadir una sola hora al curso de su vida o un centímetro a su estatura? Ya que no pueden hacer algo tan insignificante, ¿por qué se preocupan por lo demás?».[2]

> La manera más lógica
> de lidiar con este
> problema debería ser
> simple: aprende a vivir en
> el presente. Basta a cada
> día su propio afán.

Sin duda son palabras sabias que deberíamos tomar en cuenta.

¡Date permiso!

En muchas ocasiones, una de las razones por las que el afán y la ansiedad podrían apoderarse de nuestra mente es porque nos sentimos abrumados. Una mente cansada y una vida atareada son campo fértil para el estrés. Si ese es el caso, es necesario escapar de la rutina diaria y buscar un remanso.

Cuando hablo de este tema en mis conferencias, tengo que asegurarme de pronunciar cuidadosamente la palabra «remanso», porque me ocurrió en más de una ocasión que la gente creía que les sugería buscar un «remenso». A esos no hay que buscarlos, ¡llegan sin que los llamen!

> Una mente cansada y una vida atareada son campo fértil para el estrés.

Remanso es un lugar donde las aguas de un río o de un arroyo se detienen por un momento para descansar, y ofrecen un área tranquila donde quien se acerca pueda reposar o beber sin temor a ser arrastrado por la corriente. Si cierras los ojos tal vez puedas imaginar un lugar así.

¿Cuál es tu remanso? ¿Tienes un lugar, una persona o una actividad que te ofrezca ese descanso y paz que tanto anhelas? Si la respuesta es «no» y te sientes atrapado, entonces... escapa. No me refiero a físicamente huir —aunque muchas veces no nos faltan las ganas de hacerlo— sino a renovar tu energías, avivar tu pasión, refrescar tu mente y descansar tu alma, haciendo algo simple pero efectivo que te llene el corazón. Date permiso. Lo necesitas.

Lee un buen libro, sal a dar un paseo, visita a un amigo, recibe un masaje, escucha tu canción favorita, toma una siesta... Estas son algunas ideas que seguramente consideraste en alguna ocasión y que podrías poner en práctica. Para cada quien, el remanso va a ser diferente según tiempo, recursos o personalidad. Y como ves, no es necesario gastar dinero; las cosas de más valor no tienen precio.

En mi caso, una de mis opciones favoritas es la música. Y no me refiero solamente a escucharla, sino también a interpretarla. Por ejemplo, en mi oficina tengo mi guitarra al lado del escritorio. Cada vez que me siento abrumada y necesito un descanso, cierro la puerta y toco alguna de mis melodías favoritas. También

> Renovar tu energías, avivar tu pasión, refrescar tu mente y descansar tu alma, haciendo algo simple pero efectivo que te llene el corazón. Date permiso. Lo necesitas.

descubrí que la poesía es un buen remanso para mi vida; de vez en cuando agarro un viejo libro de poemas, o me aventuro a escribir alguno. O simplemente cierro mis ojos y dejo mis cargas a Dios. Al cabo de unos minutos, descubro que puedo nuevamente concentrarme y ser productiva, y que mis preocupaciones infundadas se desvanecen.

> No es necesario gastar dinero; las cosas de más valor no tienen precio.

Claro que existen algunas cosas que requieren nuestra atención; cuando te digo que no te preocupes, no me refiero a que actúes de manera irresponsable. Creo que hay preocupaciones válidas, o hasta preocupaciones necesarias, y es importante tomarlas en cuenta y hacer algo al respecto si está en tus manos. Pero las que debes decidir eliminar de tu lista son aquellas situaciones sobre las cuales no tienes ningún control... o tal vez se las podrías dejar a algún «preocupador profesional».

No solamente debemos tratar de encontrar un remanso, sino también
debemos ser capaces de ofrecerlo. Es en esos momentos cuando sabemos
que podemos verter nuestro corazón y hallar descanso para nuestra alma.
Esto es precisamente de lo que habla este poema.

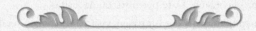

Remanso

Con la alforja repleta de retazos de estrellas
de paisajes errantes, del polvo del camino,
con batallas peleadas y dejando su huella
transita el caminante buscando su destino

Mas a veces el tramo se presenta yaciente
la aridez del sendero repercute en el alma
hace falta un remanso que renueve la mente
que refresque el aliento, que restaure la calma

Descansa en mi remanso, absorbe su perfume
empápate en la esencia que ofrece su solaz
aférrate a este instante, no dejes que se esfume
degusta su dulzura, imprégnate de paz

Olvídate del mundo, refúgiate en mis ojos
aunque sea un momento, sublima tu verdad
confiésame tus cuitas, descarga tus enojos
dale alas a tus sueños, siembra tu libertad

Reposa en mi ribera, bebe luz a tu antojo
escucha tu silencio, renueva tu pasión
deshoja tus recuerdos, deshecha los rastrojos
despinta frustraciones, cosecha tu ilusión

Disfruta este remanso que el corazón esmalta
sumérgete en mi orilla, inúndate de mí...
solo pido que el día en que a mí me haga falta
pueda en tu amor hallarlo y refugiarme en ti.

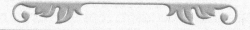

Capítulo 32

ENUMERA

La gratitud puede transformar lo que tenemos en suficiente,
el caos en orden, la confusión en claridad, una comida en un banquete,
una casa en un hogar, un extraño en un amigo.

—MELODY BEATTIE

CIERRA TUS OJOS POR UN MOMENTO. ¿QUÉ ES LO QUE EXPERIMENTAS? ¿Te parece que los sonidos son más claros, los aromas más notorios, las sensaciones más intensas?

No eres el único.

Desde antes de la época de Leonardo Da Vinci, científicos e intelectuales han tratado de estudiar y explicar este fenómeno. Nuevas investigaciones parecen demostrar que no solamente existe una conexión real entre la visión y los otros sentidos, sino que dicha conexión puede ser medida y demostrada, y que ayuda a entender mejor los mecanismos internos que desencadenan rápidos cambios sensoriales.[1] En otras palabras, si somos privados de uno de nuestros sentidos aunque sea de manera temporal, casi inmediatamente los otros incrementan su potencia y efectividad.

Ahora, con los ojos cerrados, cubre también tus oídos para que no solamente te sea imposible ver, sino también escuchar. ¿Cómo te sentiste? ¿Qué pensamientos pasaron por tu mente? Personalmente, lo primero que pensé es que, gracias a Dios, este era simplemente un experimento. ¿Pero te imaginas tener que vivir así cada día de tu vida? ¿Cómo reaccionarías si al destapar tus oídos o al abrir tus párpados no pudieras percibir ni el eco de un murmullo, ni un vestigio de luz, ni un hálito de esperanza?

Esto es precisamente lo que le pasó a Helen Keller.

Prisión de oscuridad

En un pequeño pueblito de Alabama, Arturo y Katherine Keller no cesaban de admirar la precocidad de su pequeña niña. Nunca habían visto que una bebita de solo seis meses fuera capaz de comunicarse con un vocabulario tan amplio, similar al de otros niños que tenían el doble de su edad. Cuando tenía un año ya podía caminar, y manifestaba sin duda una inteligencia superior. Sus padres guardaban grandes esperanzas para su futuro. Tal vez Helen sería la primera mujer en su familia en ser aceptada en una universidad para así poder salir de ese pequeño pueblo sin futuro ni progreso.

> *¿Cómo reaccionarías si al destapar tus oídos o al abrir tus párpados no pudieras percibir ni el eco de un murmullo, ni un vestigio de luz, ni un hálito de esperanza?*

Pero un día ocurrió lo inesperado. Un par de meses antes de su segundo cumpleaños, la pequeña Helen contrajo una severa enfermedad infecciosa que la dejó al borde de la muerte. Días de angustia fueron seguidos por semanas de cuidado, y finalmente, Helen se sintió mejor.

Pero algo era diferente... muy diferente.

La niña actuaba de manera extraña, no respondía al cuidado ni atención de su mamá, se sobresaltaba cuando su papá la tomaba en sus brazos, y no hacía otra cosa que gritar todo el día incesantemente, como si estuviera aterrorizada.

La sospecha de sus padres fue confirmada por los doctores. Su preciosa niña había perdido no solamente la vista, sino también el oído.

Si tú tienes niños, seguramente concuerdas conmigo en que criar a un hijo es lo suficientemente complejo sin tener que lidiar con situaciones extremas como esta. ¿Cómo reaccionarías en circunstancias similares?

Los padres de Helen intentaron todo lo posible para comunicarse con ella, acallar sus miedos, controlar sus rabietas y tratar de enseñarle a desenvolverse en el mundo que la rodeaba. ¿Pero cómo puede uno hacerlo con efectividad en la ausencia de dos de los sentidos más importantes?

Un rayo de esperanza

Después de años de constantes frustraciones y angustia, una persona les cambió la vida.

Ana Sullivan tenía solo veinte años. En su niñez también tuvo problemas oculares, pero gracias a una serie de operaciones había recuperado gran parte de su visión. Debido a la intervención del Instituto para Ciegos de la ciudad de Boston, Ana decidió convertirse en la maestra y tutora privada de la pequeña Helen, que ya tenía siete años.

La tarea no era fácil, pero la paciencia y la persistencia de la joven lograron al fin romper las barreras y ganarse poco a poco la confianza de Helen, aunque aún no encontraba cómo comunicarse con ella.

Hasta que un día, finalmente ocurrió.

En una de sus caminatas, ambas llegaron hasta una fuente. Mientras Ana rociaba a Helen con agua, tomó una de sus manitos y deletreó en su palma lentamente la palabra agua. Lo hizo una y otra vez, sin que la niña comprendiera el significado. Hasta que una fascinada sonrisa le iluminó la mirada. Se había dado cuenta de que las marcas que sentía en su mano estaban relacionadas con el líquido elemento.

> Ya no estaba atrapada en una prisión de temores, silencio y penumbras. Al fin se había abierto para ella una ventana de esperanza.

Ya no estaba atrapada en una prisión de temores, silencio y penumbras. Al fin se había abierto para ella una ventana de esperanza.

Desde entonces todo cambió radicalmente. El progreso de Helen fue extraordinario. Cada día aprendía nuevas palabras al simplemente palpar los objetos y sentir en sus manos las letras que su maestra escribía en su piel. Su inteligencia y curiosidad volvieron a la vida, demostrando facilidad de asimilar ideas y conceptos y un deseo insaciable de aprender.

Tiempo después leía libros completos en Braille —el sistema de lectura y escritura táctil creado por el profesor francés que le dio el nombre— y aprendió a comunicarse primero por lenguaje de señas, hasta que poco a poco, logró pronunciar palabras en voz alta.

No conforme con eso, Helen —siempre acompañada de su fiel maestra y amiga Ana— fue admitida en la Universidad de Radcliffe, una institución de educación superior para mujeres, conectada con la Universidad de Harvard, y se convirtió en la primera mujer ciega y sorda en graduarse con honores. Escribió libros, dio conferencias, y viajó por varias ciudades proclamando su mensaje de superación y optimismo e inspirando con su vida.

Su legado aún permanece gracias a la organización *Helen Keller International*, que desde sus inicios en 1915 trabaja ayudando a prevenir discapacidades originadas por desnutrición o negligencia médica. Actualmente, su influencia alcanza a más de veinte países, capacitando a personas que sufren de ceguera o sordera con programas de entrenamiento para que puedan disfrutar de una vida productiva.[2]

Simplemente gratitud

Los versos de «Gracias a la vida que me ha dado tanto» de la desaparecida cantautora chilena Violeta Parra vienen a mi memoria y no puedo evitar sentirme un poco avergonzada por las muchas veces en las que en lugar de gratitud expresé descontento. Me aventuro a decir que quizás tú también te sientes igual al leer este capítulo. La vida de personas como Helen y el legado que dejaron y que aún permanece demuestra que, por más terribles que sean nuestras circunstancias, siempre existe algo por lo que podemos estar agradecidos.

> Por más terribles que sean nuestras circunstancias, siempre existe algo por lo que podemos estar agradecidos.

Un simple hábito que ha demostrado ser efectivo para que puedas implementar esta práctica en tu vida, es simplemente hacer una lista diaria de tres cosas por las que estás agradecido. Empieza por las más obvias: tu familia, amigos, salud, provisión... hasta aquellas que tal vez tomes por dadas, como poder caminar, ver o escuchar, saber leer, vivir en un país con libertad de expresión. La lista es interminable. Y en esos días en los que te sientas desalentado, recorre las páginas de tu lista. Verás que es una excelente receta contra el desánimo.

Recuerda que si alguien como Helen Keller pudo decir: «*Tantas cosas me han sido dadas que no tengo tiempo de pensar en las que me han sido negadas*», tú también puedes hacerlo. Un corazón agradecido es un corazón apasionante.

> En esos días en los que te sientas desalentado, recorre las páginas de tu lista. Verás que es una excelente receta contra el desánimo.

Decide hoy demostrar gratitud. Enumera tus bendiciones.

Capítulo 33

EBULLE

A los 99 grados, el agua está caliente.
A los 100 grados, hierve.
El agua hirviendo genera vapor.
Y con vapor, puedes impulsar un tren.

—S. L. PARKER

CUANDO LEÍ ESTA METÁFORA SIMPLE PERO PROFUNDA, ME DI CUENTA de que de alguna manera siempre formó parte de mi vida. Un solo grado extra de temperatura marca la diferencia entre algo que está caliente, y algo que genera la fuerza suficiente para impulsar una máquina. Habla de ir la milla extra, de dar más de lo esperado, de trabajar arduamente. Habla de hacer las cosas con excelencia.

> *Excelencia no es perfeccionismo. Es hacer lo mejor que podamos con lo que tengamos, esperando los mejores resultados.*

Excelencia: el grado extra

Excelencia no es perfeccionismo. Es hacer lo mejor que podamos con lo que tengamos, esperando los mejores resultados. El perfeccionismo muchas veces termina frustrando a la persona que lo exige y de quien se lo espera, y peor aún si lo esperamos de nosotros mismos; lo sé por experiencia propia. Por otra parte, el decidir hacer con excelencia todo lo que está en tus manos garantiza satisfacción, y permite que las personas confíen en ti y que tengas una buena reputación. Como dice un proverbio: «De más estima es el buen nombre que las muchas riquezas, y la buena fama más que la plata y el oro».

Sin embargo, trabajar con excelencia no debería estar impulsado ni tener como objetivo que otros piensen bien de ti, o que tus esfuerzos sean reconocidos. Es una cuestión de satisfacción personal. Cuando el artista francés Frédereic-Auguste Bartholdi diseñó la Estatua de la Libertad a mediados del siglo dieciocho, nunca se imaginó que décadas después sería posible para el ser humano volar sobre los cielos de Nueva York en un avión o helicóptero, y poder ver la parte superior de su monumental creación. Sin embargo, la cúspide de la estatua está diseñada con delicados detalles y una admirable perfección. Bartholdi trabajó con dedicación y excelencia, aún creyendo que nunca nadie apreciaría esa área de su obra.

> La excelencia te hace apasionante. Abre puertas, genera oportunidades, y permite alcanzar objetivos. Aplicar ese «grado extra» podría marcar la diferencia.

La excelencia te hace apasionante. Abre puertas, genera oportunidades, y permite alcanzar objetivos. Aplicar ese «grado extra» podría marcar la diferencia entre una vida mediocre y una de plenitud, entre una persona frustrada y una exitosa. Og Mandino afirmaba que una de las mayores diferencias entre el fracaso y el éxito es que la persona exitosa desempeña tareas que la persona que fracasa tiende a evitar.

El verdadero éxito

> El verdadero éxito no es poder, posición ni prestigio; es algo intrínseco y personal, que debería estar determinado por tus propios valores, convicciones y prioridades.

Sin embargo, creo que es importante entender que si hablamos de «éxito» este no siempre está determinado por los logros profesionales, la cantidad de bienes materiales o la influencia que tengas. El verdadero éxito no es poder, posición ni prestigio; es algo intrínseco y personal, que debería estar determinado por tus propios valores, convicciones y prioridades, y no por el estándar que impone la sociedad o las personas que te rodean.

Son muchas las frases de aquellos que comprobaron que el verdadero éxito es subjetivo, propio y único. El cantautor Facundo Cabral dijo alguna vez que «la persona que hace lo que ama está benditamente condenada al éxito» y Zig Ziglar, uno de los más respetados motivadores y maestro de las ventas, dijo que «el éxito está en el hacer, no en el conseguir; en el intento, no en el triunfo».

Algunos de mis amigos lo definieron como «tener paz en el corazón como resultado de haber puesto en práctica los talentos que Dios nos dio para beneficiar a los demás», «dedicar nuestra vida a un propósito que nos permita dejar huella», y uno de mis favoritos, aportado por Daniel Chevriau: «Éxito es aprender a vivir de manera sencilla una vida compleja».

En mi caso, durante años intenté trabajar con *excelencia* para alcanzar esa definición de *éxito* que la sociedad presenta; pero me olvidé de un elemento esencial: el *equilibrio*. En el capítulo final, quiero abrirte mi corazón y compartirte parte de mi historia.

> Durante años intenté trabajar con **excelencia** para alcanzar esa definición de **éxito** que la sociedad presenta; pero me olvidé de un elemento esencial: el **equilibrio**.

Capítulo 34

SUICIDIO PROFESIONAL

«¡ESTÁS A PUNTO DE COMETER SUICIDIO PROFESIONAL!», FUERON las palabras que escuché cuando presenté mi carta de renuncia. Mis colegas y jefes no podían creer que estaba a punto de dejar mi puesto como una de las principales conductoras de noticias de nuestra cadena televisiva.

«Después de trabajar arduamente por tantos años, ¿vas a tirarlo todo por la ventana?».

«Tu posición es muy codiciada, y existen decenas de personas rondando como tiburones, listas para saltar a la oportunidad tan pronto como esta se presente».

«Espero que no te arrepientas».

Aquella forma de pensar estaba completamente justificada desde el punto de vista profesional. El mundo corporativo en las grandes empresas estadounidenses es extremadamente competitivo y más aun cuando hablamos del área de los medios de comunicación.

Y allí estaba yo. Trabajando codo a codo con excelentes profesionales, y con una moderna oficina en un imponente rascacielos en pleno centro de Chicago. Conociendo diariamente a personalidades del ámbito social, político y a grandes estrellas del espectáculo. Con nominaciones a los premios Emmy por «Logro excepcional por excelencia ante las cámaras» y «Mejor conductora de televisión» y siendo la primera mujer latina en recibir un «Silver Dome Award», el más alto galardón de la Illinois Broadcasters Association [Asociación de comunicadores profesionales de Illinois]. Recién había renegociado mi contrato por los

siguientes años, obteniendo codiciados incentivos y un salario que me parecía
inverosímil haber llegado a alcanzar. Todos me describían como una mujer profesional exitosa.
Y casi todos los días me sentía completamente miserable.

Había una vez...

Se podría decir que crecí frente a las cámaras de televisión. Desde muy temprana edad mi vida se desarrolló alrededor de los medios de comunicación y del mundo del espectáculo. Nací en Bolivia, país situado en el corazón de Sudamérica, en la ciudad de La Paz, una vibrante urbe que emerge entre majestuosas montañas y cielos de azul infinito. Cercana a los cuatro mil metros sobre el nivel del mar, la han coronado como la capital gubernamental más alta del mundo.[1]

Cuando tenía escasos cuatro años, se me dio la oportunidad de formar parte de uno de los programas más vistos en la Televisión Nacional. Siempre impulsada por el incesante apoyo de mi familia, continué con mi trayectoria incursionando también en la música, teatro, danza y poesía. Grabaciones, viajes, conciertos, presentaciones y entrevistas formaban parte de mi rutina habitual, y siempre recuerdo con cariño la orgullosa sonrisa de mi linda mamá entre las bambalinas.

A medida que la «niña de la tele» crecía, crecían también las oportunidades. Como en ese entonces no existía la inmensa cantidad de opciones radiales y televisivas que ahora inundan el mercado, quienes participábamos en los programas, conciertos y producciones llegamos a ser reconocidos personajes del ámbito público.

Pensando retrospectivamente, creo con sinceridad que la mano de Dios siempre estuvo guiando mi vida, y abriéndome puertas de oportunidad que de otra manera hubieran sido imposibles de alcanzar. Estoy segura de que existían muchos otros niños tan talentosos como yo, y nadie en mi familia formaba parte del mundo del espectáculo, ni contaba con contactos o amistades que me hubieran hecho el camino fácil.

Al contrario; tuve que lidiar con todos los desafíos y desventajas sociales, económicas y emocionales, que implica crecer con la completa ausencia de una figura paterna en mi vida. Por eso y más, estoy agradecida de corazón por los constantes sacrificios y el apoyo incondicional que en mi niñez recibí de mi mamá y de mi familia cercana, y agradezco a Dios el haber permitido que mis niños tengan un buen padre que pone todo de su parte para darles lo que él y yo no tuvimos de niños. Admiro la dedicación y el esfuerzo de mi esposo; no es fácil ser un buen modelo a seguir cuando él tampoco tuvo un buen ejemplo que marcara el camino. Pero comprobamos que el amor puede mostrar la senda y cubrir multitud de faltas, y que la dedicación y entrega siempre son recompensadas. No podría haber pedido un mejor padre para mis dos hijos.

La influencia de un padre en los años formativos es innegable, y estadísticas demuestran que su ausencia podría determinar las razones por las que muchos jóvenes abandonan sus estudios, experimentan con drogas, son propensos a la promiscuidad, tienen baja autoestima y lidian con una serie de consecuencias económicas y emocionales.[2]

Pero yo decidí que una estadística no iba a definir mi destino.

Me gradué con honores, concluyendo mis estudios un par de años antes que la mayoría de mis compañeros. Aprendí la importancia de prepararme, de trabajar con dedicación y esfuerzo, de hacer las cosas con excelencia, de nunca dejar de aprender y de siempre mirar al futuro con esperanza.

Tenía la certeza de que no estaba en este mundo por pura casualidad.

Nuevo país, nuevos desafíos

Años después mi vida tomó un nuevo rumbo. Gracias a una gentil invitación llegué a Chicago, y las puertas se me abrieron para formar parte del equipo central de una de las cadenas de televisión más importantes en Estados Unidos; para muchos, un sueño hecho realidad. Sin embargo, rápidamente me di cuenta de que, para permanecer vigente en este nuevo mercado, no solo se requería ser altamente competente. Implicaba también sacrificar el tiempo y la atención que, según nuestro sistema de valores, deberían ser dedicados a algunas cosas que son irremplazables... como nuestra familia. Para entonces, ya estaba felizmente casada con mi esposo, Van, y nuestro primer hijo, Brandon, tenía un poco más de un año de vida.

Decidir vivir en un país que no es el propio implica afrontar un gran número de cambios y retos. La diferencia en el idioma, el clima, la cultura o la comida son solo algunas de las cosas

> Las puertas se me abrieron para formar parte del equipo central de una de las cadenas de televisión más importantes en Estados Unidos; para muchos, un sueño hecho realidad.

que en un inicio se hacen evidentes, y muchas otras emergen con el paso de los años. A medida que transcurre el tiempo, uno aprende a adaptarse a sus circunstancias y a aceptar el nuevo estilo de vida como propio.

Por ejemplo, en un inicio me fue un tanto difícil acostumbrarme a las grandes distancias que hay que recorrer para trasladarse de un lugar a otro, y a la variedad extrema en el clima según la época del año. Yo nací en una ciudad relativamente grande, pero nada comparada a los veintiocho mil kilómetros cuadrados y más de diez millones de habitantes que residen en Chicago y áreas aledañas.[3]

> Decidir vivir en un país que no es el propio implica afrontar un gran número de cambios y retos.
>
>

En una urbe de esta magnitud, las distancias se incrementan exponencialmente dependiendo de la severidad del tráfico y el clima. En más de una tarde de invierno me encontré inmovilizada durante horas, junto a miles de otros automovilistas, en una tormenta de nieve. O en verano, me vi atascada en el medio de embotellamientos interminables debidos a la cantidad de turistas y eventos al aire libre. En mi afán por alcanzar el éxito, los días se hacían cortos, y el tiempo que pasaba lejos de mi hogar se hacía aun más largo.

En muchos de nuestros países latinoamericanos todavía es costumbre regresar diariamente a casa a la hora de la comida y disfrutar de un tiempo en familia; así recuerdo los años de mi niñez. La vida se sentía más tranquila, menos estresante, y parecía que siempre había tiempo para las cosas importantes. Pronto me di cuenta de que, si quería continuar escalando los peldaños profesionales, esa no iba a ser mi experiencia.

Mi esposo, Van, y yo decidimos que la mejor opción para nuestra familia era vivir en una tranquila área residencial lejos del centro de la ciudad. El espacio era más amplio y el costo de vida más bajo, había un gran número de parques y zonas de diversión familiar, excelentes escuelas, y estaba cerca de la oficina de mi esposo. Todo parecía perfecto.

> En mi afán por alcanzar el éxito, los días se hacían cortos, y el tiempo que pasaba lejos de mi hogar se hacía aun más largo.
>
>

Sin embargo, en nuestra emoción minimizamos el gran impacto que esa decisión iba a tener para mí: casi tres horas al día en el trayecto de ida y vuelta a la oficina; como dije, si el tráfico y el clima colaboraban. Si a eso le añadimos las ocho horas regulares de trabajo, más la hora de almuerzo, una que otra reunión extra y cosas que surgen a último minuto, me parecía que el poco tiempo que me quedaba se escurría como agua entre los dedos. Es más, un par de ocasiones cuando el clima no era favorable, opté por quedarme a dormir en un hotel cercano a mi oficina para no desperdiciar tantas horas en la carretera.

> Me convencí a mí misma de que todo lo que estaba haciendo era por el bien de mi familia, aunque mi corazón de madre y esposa me decían lo contrario.

Durante años justifiqué ese estilo de vida por las recompensas económicas, sociales y profesionales que ofrecía. Me convencí a mí misma de que todo lo que estaba haciendo era por el bien de mi familia, aunque mi corazón de madre y esposa me decían lo contrario. En circunstancias así, muchas veces decidimos acallar nuestros instintos.

Otra vez mamá

Cuando Dios nos regaló el milagro de la vida por segunda vez, no me atreví a darme el lujo de tomar un tiempo de descanso durante mi embarazo, pese a ciertas complicaciones de salud. Con mi primer hijo pude disfrutar esos mágicos nueve meses y su primer añito en casa, pero ahora no podía permitir el riesgo de que en mi ausencia alguien usurpara la posición por la que había trabajado tanto. Después de todo, uno aprende que en el campo profesional todos somos importantes, pero nadie es imprescindible.

> Uno aprende que en el campo profesional todos somos importantes, pero nadie es imprescindible.

Trabajé incesantemente hasta los ocho meses y medio de gestación. (Me decían que si me ponía de perfil ante las cámaras, tapaba la mitad de la pantalla.) Y en esa época tan importante para una pareja y en la vida emocional de una mujer, pasé más tiempo con mis compañeros de trabajo que con mi propio esposo.

Pese al alto nivel de estrés y tensión que generalmente existe en el departamento de noticias de un canal de televisión, agradezco de corazón haber estado rodeada por un grupo de excelentes colegas, que se convirtieron en buenos amigos. No menciono nombres por temor a omitir alguno, pero ellos saben quiénes son y sé que al leer estas líneas van a sentirse identificados. No es común encontrar camaradería sincera en una profesión como la mía. Las semanas que siguieron al nacimiento de Dylan, nuestro segundo niño, llenaron mi corazón de dicha. Tener tiempo para disfrutar de la bendición de ser nuevamente mamá y poder participar en todas las actividades de Brandon, nuestro hijo mayor, no tenía precio. Mis prioridades familiares volvieron al lugar correcto.

Pero al cabo del tiempo establecido no me quedó otra opción que regresar a cumplir con mis obligaciones profesionales. Gracias a Dios mi esposo pudo modificar su horario y sus responsabilidades de trabajo para manejarlas en gran parte desde casa, y así ocuparse de nuestros hijos cuando yo estaba afuera. Fue él quien pudo escuchar sus primeras palabras, ver sus primeros pasos, reír con sus ocurrencias y disfrutar la magia de esos primeros añitos... Son recuerdos y anécdotas que yo sacrifiqué por mi trabajo y que nunca podrán formar parte de mis memorias; algo de lo que siempre me voy a arrepentir. Aunque mis hijos estaban en las mejores manos —bajo el cuidado de su propio padre— no podía evitar sentir que cada vez que yo salía a la oficina dejaba con ellos un pedazo de mi corazón.

Un dilema común

Ser una mujer en el campo laboral no es cosa fácil. Y no me refiero solamente al hecho de que, en muchos casos, las oportunidades y los salarios son porcentualmente más bajos que los de los hombres.[4] Creo que, además, existe un dilema común para quienes somos madres; un sentimiento de falsa culpa por tener que dejar a nuestros hijos bajo el cuidado de otra persona.

Existe una gran diferencia entre las mujeres que *tienen* que trabajar, con aquellas que *quieren* trabajar. Muchas se ven forzadas a hacerlo cuando los ingresos del esposo no son suficientes para cubrir las necesidades básicas, o cuando deben mantener a sus hijos sin la ayuda de una pareja. Para ellas, mi más profundo respeto y admiración. Sin embargo, muchas veces la decisión de trabajar fuera del hogar responde a otras razones, como tratar de mantener un estatus social o económico más alto, o encontrar la identidad personal en lo que *hacemos* y no en quiénes *somos*. Creo que ese precisamente era mi caso.

Finalmente, después de meses de reflexionar y considerar todas mis opciones, tomé la decisión de renunciar. Presté oídos a esa voz que me decía que debía evaluar mis prioridades como esposa y madre. Que la base del verdadero éxito en mi vida debería ser una familia estable y unida. Y que mis hijos eran una herencia de Dios.

Las cosas cambiaron radicalmente, y mentiría si dijera que todo fue tan sencillo como lo había imaginado.

> Las cosas cambiaron radicalmente, y mentiría si dijera que todo fue tan sencillo como lo había imaginado.

Adaptándome al cambio

En un principio disfruté enormemente a mis hijos y la libertad que ofrecía el no tener que cumplir con un horario específico, manejar por horas en el tráfico, o ponerme maquillaje y tacones altos todos los días. Sin embargo, no pasó mucho tiempo antes de que empezara a sentir el peso real de mi decisión.

Las responsabilidades diarias de mamá de dos niños pequeños y ama de casa a tiempo completo —veinticuatro horas al día y siete días a la semana— resultaron mucho más difíciles de lo que jamás imaginé. Tuve que aprender a cocinar, a limpiar, a lavar, a planchar y hasta a cambiar pañales. Ni bien terminaba de hacer una cosa, cuando algo más requería mi atención. La dedicación, energía, paciencia, cuidado y entrega un solo día en casa no se comparaban con toda una semana en mi oficina.

Estaba, además, el asunto de mi identidad. Era la primera vez en mi vida que no trabajaba ni ganaba un salario y descubrí que la manera en la que estaba acostumbrada a definirme a mí misma era a través de mi carrera y mis logros profesionales. Cuando la gente me preguntaba ahora a qué me dedicaba, respondía un tanto avergonzada: «ama de casa» y en más de una ocasión comprobé en carne propia la poca estima que algunas personas manifiestan hacia mujeres que eligen esta loable labor. La percepción equivocada es que, si una mujer está en casa, es porque no es capaz de ser exitosa en el campo laboral. En la mayoría de los casos, nada está más lejos de la realidad.

> Descubrí que la manera en la que estaba acostumbrada a definirme a mí misma era a través de mi carrera y mis logros profesionales.

Por otra parte, estaba la situación económica. Como fui yo quien rescindió mi contrato, salí sin un peso extra en el bolsillo. Con el salario de mi esposo teníamos lo suficiente para nuestras *necesidades*, pero no para nuestras *necedades*... ¡y estábamos acostumbrados a tantas! Ya no podíamos contratar a alguien para que limpiara la casa, cortara el pasto o atendiera el jardín. No podíamos ordenar comida o salir a un restaurante imprevistamente si la cena no estaba lista. No podíamos concretar nuestras próximas vacaciones. No había dinero extra para gustitos o gastos innecesarios... Y la lista continúa. Fue fácil pensar que sería sencillo acostumbrarnos a un nuevo estilo de vida, pero la realidad era diferente.

> La percepción equivocada es que, si una mujer está en casa, es porque no es capaz de ser exitosa en el campo laboral. En la mayoría de los casos, nada está más lejos de la realidad.
>
>

Fue en ese tiempo donde aprendimos a confiar en la provisión de Dios y en su promesa de cubrir todas nuestras necesidades. Cualquiera puede estar agradecido cuando todo va de acuerdo a nuestras expectativas, pero es en medio de las dificultades cuando se comprueba nuestra fe, carácter y compromiso. Cuando el agua empieza a hervir, es cuando se aprecia el verdadero aroma del té.

Dudas y entrega

Poco a poco la nueva rutina formó parte diaria de nuestras vidas y descubrimos gozo en la sencillez de las cosas. Pero pese a todo, debo confesar que de vez en cuando me preguntaba si había tomado la decisión correcta. Me costaba entender por qué desde mi niñez tuve tantas oportunidades, amistades y experiencias poco comunes, para simplemente quedarme en casa. Siempre había pensado que estaba destinada a hacer algo más. Algunas veces permití que momentos de impaciencia y angustia nublaran mi razón.

> Cualquiera puede estar agradecido cuando todo va de acuerdo a nuestras expectativas, pero es en medio de las dificultades cuando se comprueba nuestra fe, carácter y compromiso
>
>

Hasta que llegó el momento en que llegué a una conclusión: decidí poner de lado mis dudas y frustraciones de una vez por todas, y disfrutar de esta etapa de mi vida en su plenitud. ¡Es imposible hacer las cosas con excelencia cuando estamos constantemente considerando que alguna otra opción podría ser mejor! Es importante enfocarnos en lo que ahora tenemos en nuestras manos y trabajar en ello con amor y entusiasmo, pero siempre manteniendo la esperanza viva, la mirada alerta y el corazón abierto para lo que podría venir más adelante.

A partir de ese día, algo se renovó en mi interior.

Las labores diarias del hogar no resultan tan pesadas cuando las hacemos con amor.

Decidí poner todo de mi parte para tratar de ser la mejor mamá y esposa que pudiera ser. Y pensé que si pese a toda mi experiencia y talento mi propósito en la vida era simplemente criar a mis hijos y apoyar a mi esposo, iba a asegurarme de verter mi vida para que juntos pudiéramos encauzarlos a ser hombres de carácter e integridad.

Un breve tiempo después, comprobé que cuando decidimos hacer las cosas con excelencia y honrar a Dios con nuestras decisiones, cosecharíamos las recompensas de lo que sembramos en fe.

Paradojas del éxito

Poco a poco y sin buscarlas, se me presentaron oportunidades que abrieron nuevamente espacio a mi vida profesional, pero esta vez, con notables diferencias.

Ahora, formo parte de proyectos con organizaciones de alcance internacional que confían en mí y comparten mis valores, lo que me da la libertad que requiere mi corazón de madre y esposa. Y tengo, además, la insuperable oportunidad de impactar a otros con un mensaje que transforma vidas. Este libro es el ejemplo perfecto.

Cuento también con el privilegio de participar en producciones de prensa, radio y televisión que llegan a los hogares de millones de personas en todos los países de habla hispana. Y ahora que mis hijos están más grandes y en su camino por emprender su propia aventura de vida, puedo aceptar invitaciones y viajar por todo el continente compartiendo mi historia, dando conferencias y participando en congresos. Conocí a personas fascinantes y forjé amistades que continúan pese a la distancia. Al manejar mi carrera de forma independiente, siempre estoy dispuesta a aceptar nuevos proyectos.

> ¡Es imposible hacer las cosas con excelencia cuando estamos constantemente considerando que alguna otra opción podría ser mejor!

> Decidí que quería
> dejar un legado que
> perdurara más allá de mi
> propia existencia. Supe
> con certeza que podía
> vivir una vida
> apasionante.

En esta nueva etapa de mi vida, descubrí que el verdadero éxito tiene paradojas que muy pocos deciden comprobar.

Aprendí...

- Que no debemos sacrificar lo trascendental por lo intrascendente.
- Que ningún triunfo en la vida justifica el fracaso en el hogar.
- Que con nuestros hijos los días son largos pero los años son cortos.
- Que para que algo nuevo nazca, lo viejo debe morir.
- Que para liderar efectivamente tienes que primero aprender a servir.
- Que la identidad no está ligada a lo que haces, sino a quién eres.
- Que existen momentos en la vida en los que hay que perder para ganar.

Entendí además que había sido creada con un propósito y que estaba en mis manos el descubrirlo. Comprendí que anhelaba marcar una huella, inspirar a otros y forjar un camino. Decidí que quería dejar un legado que perdurara más allá de mi propia existencia.

Supe con certeza que podía vivir una vida apasionante.

CONCLUSIÓN

MIENTRAS ESPERABA QUE SE ABRIERAN LAS PUERTAS DEL ELEVADOR que me conduciría por última vez fuera del imponente edificio donde estaban los estudios, un importante ejecutivo de la cadena de televisión se acercó a mí. «Escuché que alguien te dijo que estás cometiendo un suicidio profesional», mencionó casualmente. Yo no respondí; simplemente asentí con la cabeza. Entonces, me miró directamente a los ojos y prosiguió:

«Puede que sea cierto. Pero, extraoficialmente, y hablándote como esposo y padre, quiero que sepas que admiro profundamente tu decisión. Creo que no te vas a arrepentir».

Nunca lo hice.

Mi «suicidio profesional» se convirtió en un nuevo nacimiento.

EPÍLOGO

UNA TARDE DE INVIERNO DECIDÍ DARME UN TIEMPO PARA SALIR de mi rutina y reconectarme con ciertas áreas de mi alma. Admirando la belleza de una laguna semicongelada, mientras el frío viento jugaba con mis cabellos, traté de ser intencionalmente introspectiva, dejando que mi espíritu recibiera dirección directa de su Creador.

Me di cuenta de que, pese a toda mi elocuencia, en momentos así las palabras son escasas y a veces es difícil saber por dónde empezar ni cómo terminar. El pasado pesa y el futuro es incierto, la autosuficiencia no es suficiente y en ocasiones, nuestro instinto de resolver las situaciones y estar en control de las cosas, confabula con la necesidad de rendirnos y simplemente confiar.

Al escribir este poema recordé que, cuando niña, nunca experimenté esa inefable sensación de estar en los brazos de un padre; esos brazos fuertes, seguros, protectores, en los que se puede confiar completamente y descansar. Tal vez sea eso precisamente lo que necesitamos aprender.

Quiero concluir compartiendo contigo estos versos que revelan íntimamente mi corazón y dan una ventana a mi alma. Gracias por hacer este libro parte de tu vida.

Niña

Constante transitar. Los años pasan
y sé que tu presencia está en mi vida
a veces la percibo levemente
otras veces me inunda sin medida
mas sé que eternamente estás conmigo
guiándome los pasos día a día

En muchas ocasiones me pregunto
por qué tú me escogiste desde niña
por qué me protegiste desde el vientre
en el cual me permitiste tener vida
por qué me regalaste tantos dones
por qué me abriste puertas sin pedirlas
por qué me diste tantas primaveras
y en todos mis inviernos tú me cuidas
si yo no tengo nada que no venga
directo de tu trono hasta mi vida

Señor, tú sabes todo lo que encierra
mi humanidad a veces reprimida
conoces mis desvelos, mis nostalgias
ya sabes de mis ansias y mis cuitas
estás en la penumbra de mis noches
estás entre la luz de un nuevo día
conoces los resquicios de mi mente
tú sabes mis secretos y agonías
te encuentro hasta en el peso de mis dudas
te siento en mis pasiones restringidas
me secas esas lágrimas que brotan
cuando mi voz no encuentra una salida

No soy merecedora de tu gracia
ni de misericordias infinitas
no entiendo el porqué de ese amor puro
no entiendo esa paciencia inmerecida
no sé por qué me esperas siempre amante
y acaricias mi alma confundida

Será tal vez porque lo sabes todo
y escuchas mis palabras contenidas
que aunque a veces no llegan a mis labios
están siempre latentes e invasivas
diciéndote que anhelo yo servirte
que estoy profundamente agradecida
que pese a mis errores y mis faltas
tú siempre estás primero entre mi vida

Refúgiame en la palma de tus manos
haz que produzca frutos en tu viña
cuídame cual la niña de tus ojos
señala tu propósito en mi vida
renuévame el aliento, si cansada
consuélame en silencio, si dolida
enséñame a escuchar, si estoy errada
levántame de nuevo, si caída
perdóname si a veces me equivoco
abrázame como un padre a una hija
cobíjame en la sombra de tus alas
porque allí, una vez más, me siento niña.

«Señor, tú lo sabes todo. Tú sabes que te amo».
Juan 21.17

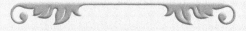

NOTAS

¡Gracias!

1. Marcos Vidal, compositor/intérprete, «Mi regalo», del disco *Mi regalo* (Sparrow-Piedra Angular, 1997).

Introducción

1. Seth Godin, *La vaca púrpura: diferénciate para transformar tu negocio* (Barcelona: Gestión 2000).

Capítulo 1

1. Reuters, «Egyptians incensed after 74 die in soccer tragedy», http://www.reuters.com/article/2012/02/02/us-egypt-soccer-violence-idUSTRE81022D20120202 (acceso obtenido 28 mayo 2013).

Capítulo 2

1. The Greatest Books, «Top 100 Works in World Literature», http://thegreatestbooks.org/lists/28.
2. University of Oxford, «Reading linked to better job prospects», http://www.ox.ac.uk/media/news_stories/2011/110804.html, 8 abril 2011.

Capítulo 3

1. Periodismo Digital, Sinembargo.mx, «*La Bestia*: el documental que se hizo libro», 13 abril 2012, http://www.sinembargo.mx/13-04-2012/202882.
2. Eric Benton, «Transformational Leader», www.ericbenton.com.

Capítulo 5

1. La Grande, «Los éxitos del Recuerdo», José José, http://lglagrande.com.mx/articulos/musica/127_Jose-Jose.
2. *Psychology Today*, «The Neuroscience Behind the Marshmallow Test», http://www.psychologytoday.com/blog/the-gravity-weight/201203/lead-us-not-temptation-the-neuroscience-behind-the-marshmallow-test.

Capítulo 6

1. Zaner-Bloser National Handwriting Contest, www.zaner-bloser.com/national-handwriting-contest.
2. AOL News, «Maine Fifth-Grader Born Without Hands Wins Penmanship Award», http://www.aolnews.com/2011/04/07/nicholas-maxim-maine-fifth-grader-born-without-hands-wins-penm/.
3. *Investigación y Ciencia*, «Focomelia», http://www.investigacionyciencia.es/investigacion-y-ciencia/numeros/2010/1/focomelia-1064.
4. Historia adaptada por la autora basada en conversaciones con Shirly Howard y en su blog, http://nuncaterinda.blogspot.com/.
5. Andrés Panasiuk, *Diez leyes irrefutables para la destrucción y la restauración económica* (Nashville: Grupo Nelson, 2010).

Capítulo 7

1. Random Acts of Kindness Foundation, «Inspiring People to Practice Kindness and Pass It on to Others», www.randomactsofkindness.org.
2. David R. Hamilton, Ph.D., *Why Kindness Is Good for You* (Carlsbad, CA: Hay House, 2010).

Capítulo 8

1. SaltWorks®, Inc., «History of Salt», http://www.saltworks.us/salt_info/si_HistoryOfSalt.asp.

Capítulo 9

1. Edge, «Meet the Man Behind Angry Birds», http://www.edge-online.com/features/meet-man-behind-angry-birds/.
2. Roy F. Baumeister y John Tierney, *Willpower: Rediscovering the Greatest Human Strength* (Nueva York: Penguin Press, 2011), p. 13.

Capítulo 10

1. Significado de «actitud», www.wordreference.com/sinonimos/evolucion.

Capítulo 11

1. Milton Coronado, artista, www.crownedart.com.

Capítulo 12

1. Sammy Said, The Richest, «10 Most Popular Sports In America», 3 junio 2012, www.therichest.org/sports/most-popular-sports-in-america/.
2. Ryan Grenoble, *Huffington Post*, «Super Bowl Ad Spot To Cost Record $4 Million In 2013», 4 enero 2013, http://www.huffingtonpost.com/2013/01/04/cost-of-super-bowl-ad-2013_n_2410036.html.
3. BusinessDictionary.com, «Basics of the Situational Leadership Model», http://www.businessdictionary.com/article/724/basics-of-the-situational-leadership-model/.

Capítulo 13

1. Omniglot, The Encyclopedia of Writings Systems and Languages, «Aymara», http://www.omniglot.com/writing/aymara.htm.
2. *El Diario*, «Entrevista a Claudia Gonzáles», 8 julio 2012, http://www.eldiario.net/noticias/2012/2012_07/nt120708/sociedad.php?n=16&-lo-mas-lindo-es-ver-a-un-ninio-dejando-la-calle.
3. «Single-Parent Families—Single Fathers Compared to Single Mothers», http://social.jrank.org/pages/581/Single-Parent-Families-Single-Fathers-Compared-Single-Mothers.html.

Capítulo 14

1. Hebreos 11.1 (Reina Valera 1960).
2. Mind Tools, «The Urgent/Important Matrix», http://www.mindtools.com/pages/article/newHTE_91.htm.

Capítulo 15

1. A Complaint Free World®, http://www.acomplaintfreeworld.org/.

Capítulo 16

1. Encyclopædia Britannica, «Hatfield and McCoy Families», http://www.britannica.com/EBchecked/topic/1574444/Hatfield-and-McCoy-Families.
2. Bibliotecas Virtuales, «Romeo y Julieta», http://www.bibliotecasvirtuales.com/biblioteca/OtrosAutoresdelaLiteraturaUniversal/Shakespeare/RomeoyJulieta/I.asp.
3. Harvard Health Publications (Harvard Medical School), «Power of Forgiveness», http://www.health.harvard.edu/press_releases/power_of_forgiveness.

Capítulo 17

1. Relato escrito por la autora, adaptado de una historia popular de autor anónimo.

Capítulo 18

1. Catherine Rampell, «Money Fights Predict Divorce Rates», *The New York Times*, 7 diciembre 2009, http://economix.blogs.nytimes.com/2009/12/07/money-fights-predict-divorce-rates/.
2. Finanzas con Propósito, www.finanzasconproposito.org.
3. El Instituto para la Cultura Financiera, www.culturafinanciera.org.

Capítulo 19

1. Literatura Boliviana, Alcides Arguedas, http://literatura.ibolivia.net/.
2. Comunidad Andina, «Los fenómenos que nos afectan», http://www.comunidadandina.org/public/Atlas_5_Los_fenomenos_que_nos_afectan.pdf.

3. Programa de las Naciones Unidas para el Desarrollo, «Dirección de Prevención de Crisis y de Recuperación», http://web.undp.org/spanish/geneva/crisis_prevention. html.

Capítulo 20

1. Koinonia House National Ministries: Equipping the Church to love our Christian neighbors coming out of prison, www.koinoniahouse.org.

Capítulo 21

1. Henry Cloud y John Townsend, *Límites* (Miami: Vida, 2006).

Capítulo 22

1. Library of Congress, «Books that Shaped America», http://www.loc.gov/today/ pr/2012/12-123.html.

2. Richard Carlson, *No te ahogues en un vaso de agua* (Barcelona: Editorial Grijalbo, 1997).

Capítulo 23

1. Monografías, un estudio sobre el filósofo estadounidense Thomas Kunh, http:// www.monografias.com/trabajos11/thomkuhn/thomkuhn.shtml.

2. Poem Hunter, «Humoradas», Ramon de Campoamor y Campoosorio, http:// www.poemhunter.com/poem/humoradas.

Capítulo 24

1. «Still the Largest!», Cool Patch Pumpkins, http://www.coolpatchpumpkins.com/ corn_maze.html.

Capítulo 25

1. José Hernández, *El cosechador de estrellas* (Nueva York: Grand Central, 2012).

2. «Space Shuttle Discovery Returns to Earth After Successful Mission», la página official de la NASA, http://www.nasa.gov/home/hqnews/2009/sep/HQ_09-212_Discovery_Lands.html.

3. «Detection of breast cancer with full-field digital mammography and computer-aided detection», The National Center for Biotechnology Information, http://www.ncbi.nlm.nih.gov/pubmed/19155392.

Capítulo 26

1. Biografía de Michael, traducido de la página oficial de la NBA, http://www.nba.com/history/players/jordan_bio.html.

2. «Michael Jordan "Failure" Nike Commercial», anuncio de Nike, subido 25 agosto 2006, http://www.youtube.com/watch?v=45mMioJ5szc.

Capítulo 27

1. Practical Cycling, «Einstein and Bicycles», http://practicalcyclist.blogspot.com/2008/06/einstein-and-bicycles.html.

2. Jeffrey M. Willardson, «The Effectiveness of Resistance Exercises Performed on Unstable Equipment», *Strength and Conditioning Journal*, 26, no. 5 (octubre 2004): pp. 70–74.

Capítulo 28

1. Nobelprize.org, la página oficial del Premio Nobel, «The Nobel Peace Prize 1964: Martin Luther King Jr.», http://www.nobelprize.org/nobel_prizes/peace/laureates/1964/king-bio.html.

2. The Martin Luther King Jr., Research and Education Institute, http://mlk-kpp01.stanford.edu/index.php/kingpapers/article/chapter_1_early_years/.

Capítulo 29

1. NBC Latino, «Sonia Marie de Leon de Vega brings classical music to Latino children», http://nbclatino.com/2012/09/24/sonia-marie-de-leon-de-vega-brings-classical-music-to-latino-children/.

2. «Entonar», *Diccionario de la Real Academia de la Lengua Española*, http://lema.rae.es/drae/?val=entonar.

Capítulo 30

1. «Work at home and in the workplace», Bureau of Labor Statistics, http://www.bls. gov/opub/ted/2011/ted_20110624.htm.

Capítulo 31

1. *The Free Dictionary*, «Preocupación», http://es.thefreedictionary.com/preocupacion.
2. Mateo 6.27.

Capítulo 32

1. Acoustical Society of America (ASA), 8 may 2012, «"Blindness" May Rapidly Enhance Other Senses», *ScienceDaily*, http://www.sciencedaily.com/releases /2012/05/120508152002.htm.
2. Helen Keller International, «Our Mission and History», http://www.hki.org/ about-us.

Capítulo 34

1. «La Paz, la ciudad que toca el cielo», http://gosouthamerica.about.com/cs/ southamerica/a/BolLaPaz.htm.
2. «Father Absence and Its Effect on Daughters», Western Connecticut State University, http://library.wcsu.edu/dspace/bitstream/0/527/1/Final+Thesis.pdf.
3. *The Huffington Post*, «Chicago Area Population Grows: New census data», 19 abril 2009, http://www.huffingtonpost.com/2009/03/19/chicago-area-population-g_n_176814.html.
4. Catalyst Knowledge Center, «Women's Earnings and Income», http://www. catalyst.org/knowledge/womens-earnings-and-income.

ACERCA DE LA AUTORA

MILENKA PEÑA ES LA IMAGEN DEL PERFECTO BALANCE ENTRE LA dulzura y dedicación de esposa y madre, la capacidad de una profesional exitosa, la sensibilidad de un alma artística, y la personalidad y el carisma de una figura pública.

Periodista, comunicadora, escritora y conductora de exitosos programas de radio y televisión, Milenka es además una reconocida conferencista internacional. Participa constantemente en congresos y eventos en todo el continente, cautivando audiencias con la excelencia de sus presentaciones y el estilo fresco y natural que la caracteriza.

Cuenta con una extensa trayectoria pública y profesional que se inició a muy temprana edad en su natal Bolivia. En Estados Unidos, integró por varios años el equipo central de Telemundo Chicago y la Cadena NBC, donde obtuvo nominaciones para los Premios Emmy por «Logro excepcional por excelencia frente a las cámaras» y como «Mejor conductora de televisión». Es la primera mujer latina que recibió un «Silver Dome Award», el más alto honor otorgado por la Illinois Broadcasters Association.

Milenka es la fundadora de *Milenka Peña Group*, una organización internacional sin fines de lucro que trabaja conjuntamente con empresas, ministerios y organizaciones que buscan equipar, impactar y transformar a nuestra sociedad. Su popular programa «Apasionante» se transmite en cientos de repetidoras en toda Iberoamérica, y es una de las conductoras invitadas de Enfoque a la Familia, que llega diariamente a una audiencia de más de 50 millones de oyentes en todos los países de habla hispana. Participa además junto a otras destacadas instituciones y cadenas internacionales en diferentes proyectos de prensa, radio y televisión; asesora a la mesa directiva de los Premios Águila, el reconocimiento a la excelencia en los medios de comunicación y artes cristianas, y es parte del cuerpo docente de la Universidad Logos.

Su mejor logro es ser la orgullosa mamá de Brandon y Dylan, y la feliz esposa del Lic. Van DenHartog, con quien comparte su vida por casi dos décadas.

La autora está disponible para conferencias, entrevistas, seminarios y eventos públicos.

Para invitaciones o contacto, visita: www.milenka.org o escribe a: info@milenka.org

Puedes también seguirla en las redes sociales:

twitter.com/MilenkaPena

facebook.com/MilenkaPena

linkedin.com/in/Milenka